AF361104

LETTRES
ANGLOISES.
TOME CINQUIÈME.
SECONDE PARTIE.

LETTRES ANGLOISES,

OU

HISTOIRE

DE MISS

CLARISSE HARLOVE.

TOME CINQUIÉME.

SECONDE PARTIE.

A LONDRES,

Chez NOURSE, Libraire, dans
le Strand.

M. DCC. LI.

HISTOIRE

DE

CLARISSE

HARLOVE.

TOME CINQUIEME.

SECONDE PARTIE.

LETTRE CCXX.

M. LOVELACE, à M. BELFORD.

TU dois attendre impatiemment ce qui s'eſt paſſé entre les deux femmes & ma Charmante. Ne t'étonne pas qu'une femme perverſe rende un mari curieux. L'évenement néanmoins a juſtifié l'ancienne obſervation, que *Ceux qui prêtent l'oreille aux difcours d'autrui entendent rarement leur propre éloge.* Cette curiofité venant prefque toujours du reproche de leur confcience & de la crainte des cenfures, ils fe trouvent rarement trompés. Il y a quelque fois du fens, après tout, dans ces proverbes, dans ces bouts de phrafe, que mon cher oncle appelle la fageffe des N. tions.

Madame Moore étoit chargée de la commiffion; mais c'eft Mifs Rawlings qui a commencé le dialogue. Il faut que je te le repréfente en fcéne de Comédie, tel que je l'ai entendu ; c'eft-à-dire, fous le nom de celle qui parle : fans quoi je ferois embaraffé à te chercher des liaifons.

Mifs R. Votre mari , Madame,.... (Remarque l'adreffe de cette créature, uniquement pour tirer une déclaration formelle).

Cl. Mon mari ! Mademoifelle !

Mifs R. M. Lovelace affure, Madame, que vous êtes fon époufe, & demande en grace de vous voir ici ou dans la falle à manger , pour vous entretenir des lettres qu'il vous a laiffées.

Cl. C'eft un homme fort méprifable. La grace , Mademoifelle , que j'ai moi-même à vous demander , c'eft de m'accorder l'honneur de votre compagnie aussi souvent que vous le pourrez, tandis qu'il sera aux environs d'ici, & que je demeurerai dans cette maison.

Miss R. Je me ferai un plaisir, Madame, d'être souvent avec vous. Mais il me semble que vous pourriez le voir, pour entendre ce qu'il auroit à vous dire touchant les lettres.

Cl. Ma situation est triste ; plus triste que je ne puis l'expliquer. Je me crois perdue sans ressource. Je ne sai à quelle resolution m'arrêter. Je n'ai pas un ami au monde, qui puisse ou qui veuille me secourir. Cependant personne n'avoit plus d'amis que moi, avant que j'eusse connu cet homme-là.

Miss R. Il ne me paroît pas, Madame, qu'il ait l'air ni le langage d'un méchant homme ; du moins sur le pied où les hommes sont aujourd hui.

(*Où les hommes sont aujourd hui!* Pauvre Miss Rawlings, ai-je pensé ! Eh ! sais tu sur quel pied sont aujourd'hui les hommes ?)

Cl. Ah ! Mademoiselle, vous ne le connoissez pas. Il fait prendre les apparences d'un Ange de lumière ; mais il a le cœur des plus noirs.

(Pauvre diable que je suis !)

A ij

Miſs R. Je ne l'aurois pas cru. Mais les hommes de ce tems ſont ſi trompeurs !

(*De ce tems*, petite folle ? Tes livres ne t'ont-ils pas appris que les hommes ont toujours été les mêmes ?

Madame Moore, avec un ſoupir. Oui, oui, j'en ai fait l'expérience à mes dépens.

(Qui ſait ſi la pauvre Moore n'a pas rencontré, dans ſon tems, quelque Lovelace, quelque Belford, ou quelque vil perſonnage de la même trempe ? Ma Charmante ne ſait pas combien d'étranges hiſtoires chaque femme ſeroit en état de lui raconter, ſi tout ce beau ſexe avoit le cœur auſſi ouvert qu'elle. Mais voici le mal : quoique je lui aie donné quelque ſujet d'offenſe, je n'ai pas été aſſez loin pour l'obliger à la diſcretion).

Cl. A l'égard des lettres qu'il m'a laiſſées, je ne ſais ce que j'en dois dire : mais je ſuis bien reſolu de n'avoir jamais rien a démêler avec lui.

Miſs. R. Si vous me permettez, Madame, de vous avouer ce que je penſe, il me ſemble que vous pouſſez le reſſentiment fort loin.

Cl. A-t'il emploié ſon adreſſe à vous perſuader que ſa cauſe eſt juſte ? Il en eſt capable avec tous ceux qui ne le connoiſſent pas. Je l'ai entendu parler aſſez longtems, quoique je n'aie pas diſtingué ce qu'il vous a dit, & que rien ne me ſoit plus indifferent. Mais quelle idée vous a-t'il fait prendre de lui-même ?

(Je n'ai pas été fâché de cette queſtion. S'arrêter, ſuſpendre le mouvement de ſa colère, ai-je dit en moi-même, c'eſt un charmant préſage).

Alors, la curieuſe Miſs Rawlings lui a fait pluſieurs demandes, dans la vûe apparemment de tirer d'elle une confirmation, ou ſon déſaveu. Milord M..... étoit-il mon oncle ? Ma premiére recherche avoit-elle été approuvée de toute la famille, à l'exception de ſon frere ? Avois-je eu une rencontre ſanglante avec ce frere ? Avoit elle été perſecutée en faveur d'un homme fort déſagréable, qui ſe nommoit Solmes ; juſqu'à ſe trouver forcée d'accepter ma protection ?

Elle n'a déſavoué aucun de ces articles. Ce n'étoit pas la peine, a-t'elle dit, de leur donner leur veritable explication, pour le peu de ſejour qu'elle devoit faire à Hamſtead ; & le détail ſeroit trop long. Mais cette reponſe n'étoit pas capable de ſatisfaire Miſs Rawlings.

Miss R... Il prétend, Madame, qu'il n'a pû vous faire consentir à votre mariage qu'après s'être engagé par un serment solemnel à ne pas user de ses droits, jusqu'à votre reconciliation avec vos proches.

Cl. Le misérable ! quel nouveau dessein roule-t'il dans sa tête, lorsqu'il s'efforce d'inspirer ces idées à des étrangers?

(Bon, ai-je aussitôt pensé. Le desaveu n'est pas absolu. Tout ira merveilleusement.)

Miss R. Il avoue qu'un incendie, arrivé par hazard, vous a causé beaucoup d'effroi, Mercredi dernier ; que... que.... que le feu vous a fort effraiée.... fort effraiée...... Mercredi dernier. En un mot, il avoue qu'il a pris quelques libertés innocentes, qui pouvoient le conduire à violer son serment ; & que c'est la cause de votre colère.

(Que n'aurois-je pas donné, pour voir quelle étoit alors la contenance de ma Charmante ? Elle a dû se trouver un peu embarrassée à justifier des ressentimens si vifs pour une si legere offense. Aussi a-t'elle hesité. Elle n'a pas repondu sur le champ ; & lorsqu'elle a recommencé à parler, elle a souhaité que Miss Rawlings ne rencontrât jamais d'homme qui prît avec elle des libertés de cette innocence.)

Miſs R. Votre avanture, Madame, est aſſurément des plus ſinguliéres. Mais ſi le parti que vous avez pris de le quitter éloigne vos eſpérances de reconciliation avec votre propre famille, vous me permettrez de dire qu'il eſt fâcheux, (je ſuppoſe que la Vierge Rawlings n'a pas achevé ſans minauder, ſans jouer de l'évantail & ſans rougir), extrémement facheux qu'il ne puiſſe être diſpenſé de ſon ferment; ſur tout avouant, qu'il n'a pas toujours été l'homme du monde le plus ſage....

(Je ſerois entré volontiers, pour embraſſer cette excellente fille).

Cl. Il vous a raconté ſon hiſtoire. Je repête que la mienne ſeroit trop longue & trop triſte. Le déſordre où ſa vûe m'a jettée, & le peu de tems que j'ai à paſſer ici ne me permettent aucun détail. S'il a quelques vûes auxquelles ſa juſtifi. cation puiſſe être utile, ſans m'expoſer perſonnellement à de nouveaux malheurs je conſens de bon cœur qu'il prenne à vos yeux toutes les couleurs de l'innocence.

(Le ſouvenir de mon amour, & ſon excellent caractère, ont plaidé pour moi

dans ce moment. Elle a repris néanmoins :)

Cl. Le spécieux feducteur ! Dites-moi
seulement , Mademoiselle , s'il n'y a
point quelque porte derobbée , par laquelle je puisse le fuir pour jamais.

(Quelle émotion de cœur j'ai sentie!
je lui ai entendu lever la fenêtre.)

Cl. Où mene ce sentier ? Seroit-il impossible d'avoir un carosse ? Il faut qu'il
ait quelque demon familier , pour m'a-
voir trouvée dans cette maison. Ne puis-
je me glisser dans quelque maison voisine , où je demeurerois cachée jusqu'à
son départ ? Vous êtes des personnes
d'honneur. Je n'ai pas toujours été assez
heureuse pour tomber si bien. Ah ! Mesdames (d'une voix impatiente) accor-
dez moi votre secours , ou je suis une fille
perdue !

Ensuite , s'arrêtant ; n'est-ce pas là le
chemin de Hendon ? Ce lieu me paroît
détourné. Je crois avoir entendu dire,
que le Coche de Hamstead ne laisse pas
d'y passer.

Mad. Moore. Je connois une fort honnête femme à *Mill-Hill.* Si vous vous
croiez dans quelque danger , Madame,
vous pourriez être fort surement chez
elle.

Cl. Ah ! tout lieu du monde me convient, si je puis me derober seulement à cette cruelle persecution. Quel est le Village que j'apperçois sur la droite ?

Mad. M. C'est Highgate, Madame.

Miss R. A peu de distance est un Hameau, qu'on appelle *Northend.* J'y ai quelque parens ; mais ils sont logés fort à l'étroit. Je ne suis pas sure qu'ils puissent accommoder une Dame telle que vous.

[J'ai donné ces deux femmes au Diable. Ne m'étois-je pas flatté de les avoir fait entrer un peu mieux dans mes intérêts ? Mais le sexe aime l'intrigue, Belford ; l'intrigue, & les intriguans.

Cl. Une grange, un grenier, feront un Palais pour moi, si j'y trouve un azile contre ce persecuteur.

(Ma foi, ai-je dit en moi même, elle est bien plus vive que moi dans ses ressentimens. Que diable lui ai-je donc fait, qui doive la rendre implacable ? Je ne t'ai rien caché, Belford. Mes crimes te paroissent-ils si noirs ? D'ailleurs, abandonner de si belles espérances de reconciliation ! Il faut que cette Charmante personne ait le cœur infiniment sensible.)

Ses yeux font alors tombés sur mon nouveau laquais, qui se promenoit sous la fenêtre. Elle a demandé si cet homme n'étoit pas à moi. On lui a répondu que c'étoit un de mes gens. Je vois, a t'elle dit, qu'il n'y a point d'espérance d'échapper ; à moins, Mademoiselle, en parlant sans doute à Miss Rawlings, que vous ne m'accordiez un peu de protection pour sortir. Je ne saurois douter que ce valet n'ait ordre d'observer mes pas. Mais son misérable Maître n'a pas droit de m'arrêter. Il ne m'empêchera point d'aller où je veux. S'il a l'audace de s'y opposer, je souleverai tout le Village contre lui. Mes cheres Dames, quoi ? vous n'avez pas une porte de derrière par laquelle je puisse sortir, pendant que vous l'entretiendrez quelques momens.

Miss R. Je prens la liberté de vous demander, Madame, s'il n'y a donc aucun espoir d'accommodement. Ne feriez-vous pas mieux de consentir à le voir ? Il est certain qu'il vous aime. C'est un homme charmant. Vous pouvez l'irriter, & rendre votre situation plus fâcheuse.

Cl. Ah ! Mademoiselle. Ah ! Madame Moore, vous ne connoissez pas son caractère...... Je ne veux ni le voir, ni lui parler de ma vie.

Madame M. Cependant , Mademoifelle Rawlings, je ne vois pas qu'il ait
bleffé la verité fur aucun article. Vous-
même Madame , vous voiez combien
il eft refpectueux , de ne pas fe préfen-
ter devant vous fans votre permiffion. Il
vous adore affurément. De grace , Madame , permettez-lui , comme il le dé-
fire, de vous parler un moment des
lettres.

(Fort-bien Madame Moore. Madame Moore , ai-je penfé , eft une fort
bonne femme. J'ai retracté alors mes
maledictions. Mifs Rawlings a dit quelque chofe ; mais fi bas , que n'aiant pû
l'entendre , je n'en ai jugé que par la
reponfe).

Cl. Mon embarras eft extrême. Je ne
fais à quoi me refoudre. Mais , Madame
Moore , aiez la bonté de lui rendre fes
lettres. Les voici. Prenez la peine de lui
dire que je lui fouhaite une heureufe entre-vûe avec fa tante & fa coufine. Les
excufes ne lui manqueront pas plus pour
ce qui s'eft paffé, que les prérextes pour
ceux qu'il veut tromper. Dites lui qu'il
m'a ruinée dans l'eftime de mes amis , &
que cette raifon me rend plus indifferente
pour celle des fiens.

(Madame Moore eft venue à moi ; mais

craignant que dans son absence mes intérêts ne fussent pas assez menagés entre les
deux autres , j'ai pris les lettres , & je
n'ai pas fait difficulté d'entrer dans la
chambre. Les deux Dames s'étoient
retirées dans le cabinet; & je n'ai eu
besoin que d'un coup d'œil , pour remarquer que ma Charmante étoit attachée
à quelque discours que Miss Rawlings
écoutoit avec la dernière attention. Elle
avoit le dos vers moi. Miss Rawlings l'a
tirée doucement par la manche , pour
lui faire appercevoir que j'étois deja
près d'elle. Quoi ? Monsieur, m'a t'elle
dit , en se tournant avec indignation;
je ne serai nulle part libre & tranquille ?
Qui vous appelle ici ? Qu'avez-vous à
démêler avec moi ? On vous a rendu vos
lettres , n'est ce pas ?

Lovel. Je les ai , ma chere. Souffrez
que je vous supplie de reflechir sur vos
propres resolutions. J'attens à chaque
moment le Capitaine. J'en prens le Ciel
à témoin. Il m'a promis de cacher cette
malheureuse avanture à votre Oncle.
Mais que pourra t'il penser , s'il vous
trouve obstinée dans vos ressentiment ?

Cl. J'aurai la patience , Monsieur,
de vous souffrir ici quelques momens,
pour vous faire un petit nombre de ques-

tions devant ces deux Dames, que vous avez prévenues en votre faveur par vos spécieux recits. Aurez-vous le front de dire, que nous sommes mariés ? Mettez la main sur votre cœur & repondez-moi. Suis-je votre femme ?

(Lovelace, me suis-je dit à moi-même, tu es trop avancé pour reculer, quelque ferme que soit ici l'attaque).

Lovel. Mon très-cher amour! Comment une telle question peut elle vous venir à l'esprit ? Seroit-il de votre honneur ou du mien qu'elle parût douteuse ? Je le vois, ma chere, je le vois; vous n'avez pas fait attention à la lettre du Capitaine.

(Elle a témoigné plus d'une fois, dans le cours de cette scéne, qu'elle sentoit ses esprits abbatus, & que la douleur affoiblissoit ses forces; mais je te jure, Belford, qu'elle ne devoit pas être trop foible pour me pousser aussi vivement qu'elle a fait. J'en ai eu plusieurs fois de l'inquiétude pour elle.)

Cl. Vous & moi, ô le plus vil de tous les hommes ! ....

Lov. Mon nom est Lovelace, Madame.

Cl. Et par consequent celui du plus vil de tous les hommes (cet emportement est il pardonnable, Belford ?) Vous & moi

nous connoiſſons la vérité. Nous la connoiſſons toute entiére. Je n'ai pas beſoin
de purger ma réputation devant ces deux
Dames : elle eſt deja perdue dans l'eſprit de ceux dont j'ai le plus de raiſon de
regreter l'eſtime; mais je veux avoir cette
nouvelle preuve de vos noirceurs : dis,
miſérable, dis, Lovelace, ſi tu l'aimes
mieux , es-tu réellement mon mari ?
Parle , répons ſans héſiter.

(Elle trembloit d'impatience & d'indignation. Mais elle avoit dans les yeux
quelque choſe d'égaré , dont j'ai cru pouvoir tirer avantage pour parer à cette
maudite attaque , qui ne me cauſoit pas
peu d'embarras. Si je lui avois ſoute-
nu que nous étions mariés , jamais elle ne
m'auroit cru ſur le moindre point. Si
j'avois fait l'aveu qu'elle deſiroit , j'aurois détruit toutes mes eſpérances , du
côté des deux femmes comme du ſien ,
& je me ſerois ôté tout prétexte pour
ſuivre ſes traces ou pour arrêter ſa fuite.
Tu t'imagineras bien que ce n'eſt pas la
honte qui m'auroit retenu , ſi la politique me l'avoit permis).

Lov. Mon cher amour ! quel érrange
déſordre dans votre langage ! Quelle reponſe me demandez-vous ? Quelle néceſſité de la faire ? Ne dois - je pas vous

rappeller ici à votre propre cœur, à la lettre & au traîté du Capitaine Tomlinson ? Vous savez vous-même de quoi nous sommes convenus, & le Capitaine.....

Cl. O misérable imposteur ! est-ce là repondre à ma question. Parle, sommes-nous mariés ou non ?

Lov. Ce qui fait le mariage, nous le savons tous. Si c'est l'union de deux cœurs (voilà un tour, Belford) je dois dire avec une extrême douleur, que nous ne sommes pas mariés, puisqu'il est trop clair que vous me haïssez. Si c'est la consommation, je dois avouer encore, avec une confusion égale à mon regret, que nous ne sommes pas mariés. Mais, ma chere, aiez la bonté de considérer quelle reponse une demie douzaine de personnes, dans la maison dont vous ne faites que sortir, pourroient faire à votre question ; & dans le petit désordre où vous êtes, ne traitez pas de douteux devant ces Dames, un point que vous avez reconnu devant d'autres témoins, qui nous connoissent mieux.

Je voulois m'approcher, pour lui représenter plus bas le traîté avec son oncle & la lettre du Capitaine : mais se retirant en arrière, & me rejettant de la main ; demeure à la distance qui te convient , m'a dit cette chere insolente. Puisque tu as la bassesse de te sauver par de si pitoiables évasions, j'en appelle à ton propre cœur, & je ne reconnois aucun mariage avec toi. Soiez en témoins , Mesdames. Cesse donc de me tourmenter. Cesse de me suivre. Toute coupable que je suis , je n'ai pas merité cette cruelle persecution..... Mais je reprens mon premier langage : Vous n'avez aucun droit de me poursuivre; vous savez que rien ne vous en donne sur moi : ainsi retirez vous , & laissez-moi le soin de ma triste destinée. O mon pere ! Pere cher & cruel ! s'est-elle écriée dans un transport de douleur , en tombant à genoux & levant ses deux mains jointes vers le Ciel , ton imprécation est accomplie sur ta malheureuse fille ! *Je suis punie*, cruellement punie , *par le misérable en qui j'ai placé ma criminelle confiance ! (*)*

Par ma foi , Belford, la petite enchanteresse , avec ses expressions, & plus encore avec le ton dont elle les a prononcées , m'a touché jusqu'au fond du cœur. Ne sois donc pas surpris que son action, sa douleur , ses larmes , aient

(*) Termes de la malediction de son pere.

arraché aux deux femmes des marques de compassion fort vives. Comprens-tu quelle maudite corvée pour moi ? Ces deux creatures se sont retirées au fond de la chambre , pour raisonner sur le spectacle. »Voilà une étrange avanture ! » Il n'y a point là de frénésie ; ai-je en- » tendu dire à l'une. La charmante fille a jetté son mouchoir sur sa tête & sur son cou , sans cesser d'être à genoux , le dos tourné vers moi , & le visage appuié sur un fauteuil , en poussant des sanglots avec un torrent de pleurs.

J'ai pris le parti de rejoindre les femmes , pour soutenir leur fermeté. Vous voiez , Mesdames, leur ai je dit d'une voix basse , si je ne suis pas le plus mal-heureux de tous les hommes. Vous voiez de quelles idées cette chere épouse est remplie. Tout à sa source dans la dureté de ses implacables parens , & dans l'im-précation de son pere. Qu'ils soient tous maudits du Ciel ! Ils ont fait tourner la tête à la plus charmante de toutes les femmes.

Ah ! Monsieur , Monsieur , m'a re-pondu la Rawlings , quelque reproche qu'il y ait à faire à sa famille , tout n'est pas tel qu'il devroit être entre-elle & vous. Il paroît clairement qu'elle ne se croit

pas mariée. Si vous avez un peu de confidération pour elle & fi vous ne voulez
pas lui renverfer tout à fait l'efprit, vous
feriez mieux de vous retirer , & de laiffer au tems, ou à d⸱s reflexions plus
tranquilles , la difpofition des évenemens.

Elle m'y forcera, Mifs Rawlings, elle
m'y forcera ; c'eft tout ce que j'ap-
préhende ; & vous pouvez croire alors
que nous fommes perdus tous deux : car
je ne faurois vivre fans elle ; elle le fait
trop bien : & de fon côté, elle n'a pas
un ami qui foit difpofé à la recevoir;
elle le fait bien auffi. Notre mariage
fera prouvé inconteftablement , à l'arrivée de l'ami de fon oncle. Mais je fuis
confus de lui avoir donné lieu de croire
qu'il n'y en a point de réel entre-nous.
Voilà , voilà , fur quoi fon humeur
s'exerce.

Dans toutes les fuppofitions, le cas
eft fort étrange , a repliqué Mifs Rawlings. Elle alloit continuer , lorfque ma
Déeffe irritée, s'approchant de la porte,
a dit à Madame Moore qu'elle fouhaitoit
de l'entretenir un moment. Elles font
paffées toutes deux dans une autre chambre. J'avois remarqué, une minute auparavant , qu'elle mettoit un petit pacquet

dans sa poche. La crainte qu'elle ne s'échappât furtivement m'a fait aller jusqu'à l'escalier, d'où j'ai appellé Will à haute voix, quoique je l'eusse emploié d'un autre côté. Elle est venue alors vers moi, d'un air assez ferme : Appellez-vous votre valet, Monsieur, pour m'ôter ensemble la liberté d'aller où je veux ? Ah ! ma chere vie, lui ai-je repondu, n'interprêtez mal si mal toutes mes actions. Pouvez-vous me croire assez lâche, assez indigne, pour emploier un valet à vous contraindre ? Je l'appelle, dans la seule vûe de l'envoier à toutes les Hôtelleries du Village, pour s'informer du Capitaine Tomlinson, qui est peut-être descendu quelque part, & qui perd apparemment, à s'ajuster, des momens dont il ignore le prix. Je suis impatient de le voir arriver ; dût-il venir nud, Dieu me pardonne ! car votre cruauté m'a percé le cœur.

On m'a repondu, d'en bas, qu'aucun de mes gens n'étoit dans la maison. Où font donc ces chiens-là ? ai-je repris d'un ton furieux. Ha Monsieur ! m'a-t'elle dit d'un air méprisant, ils ne font pas loin, j'en repons Vous en aviez, à ce moment, un fous ma fenêtre, avec ordre fans doute de veiller fur mes pas.

Mais apprenez que je n'ai ici que mes volontés à confulter , & qu'à vos propres yeux j'irai où je le juge à propos. Me préferve le Ciel , ai- je repondu , de vous faire la moindre violence fur tout ce que vous pouvez défirer avec fureté !

Je fuis perfuadé à préfent que fon deffein étoit de s'évader , en conféquence du court entretien qu'elle avoit eu avec Mifs Rawlings , & de prendre peut-être la maifon de cette fille pour retraite.

Elle eft retournée vers Madame Moore, à laquelle je l'ai vûe donner quelque chofe , en lui difant d'une voix libre , comme dans la vûe de me braver , qu'elle laiffoit ce gage entre fes mains pour ce qu'elle lui devoit ; parce qu'aiant peu d'argent fur elle , il pouvoit arriver qu'elle en eût befoin avant qu'elle pût s'en procurer davantage. J'ai fu que c'étoit fon diamant. Madame Moore vouloit s'excufer de le prendre , mais elle l'a defiré abfolument. Alors , s'étant effuié les yeux , elle a mis fes gants. Perfonne n'a droit de m'arrêter , a-t'elle dit. Je veux partir. Qui craindrois - je ici ? Charmante fille ! tandis que fa queftion même témoignoit fes craintes.

Pardon, Madame , à t'elle continué , en faifant une reverence à Madame

Moore ; Pardon , Mademoiselle, (à Mifs Rawling) de tout l'embarras que je vous ai caufé. Vous aurez de mes nouvelles dans un tems plus heureux , s'il en arrive jamais pour moi. Je vous fouhaite toutes fortes de profpérités. Elle s'efforçoit de retenir fes larmes ; mais finiffant par un fanglot, elle eft defcendue vers la porte.

Il ne m'a pas été difficile d'y arriver plutôt qu'elle. Je l'ai fermée ; & le dos appuié contre la ferrure, j'ai pris fes mains malgré elle. Ma très chere vie ! Mon Ange ! lui ai-je dit ; pourquoi me tourmenter fi cruellement ? Eft-ce là **le** pardon que vous m'avez promis ?

Quittez mes mains, Monfieur ! Je ne vous connois plus ; vous n'avez aucun droit fur ma liberté. Monfieur, quittez mes mains.

Mais où , où , mon très-cher amour , où prétendez-vous aller ?

Ne fongez-vous pas que je fuivrai vos traces jufqu'au bout du monde ? Où voudriez-vous aller ?

Il eft vrai que vous pouvez me faire cette queftion, vous qui ne m'avez pas laiffé au monde un feul ami. Mais Dieu, qui connoît mon innocence , ne m'abandonnera point entièrement lorfque je ferai hors de votre pouvoir. Auffi longtems que j'aurai le malheur d'être avec vous, je ne puis efpérer que le moindre raion de la faveur du Ciel arrive jufqu'à moi.

 Quelle dureté ! Quelle rigueur ! Loin de vous, ma cruelle Clariffe, je renonce à tout efpoir dans cette vie & dans l'autre. Vous êtes mon guide ! vous êtes l'aftre qui doit éclairer mes pas ! Si je dois être heureux, c'eft par vous & dans vous.

Elle a tenté de me faire quitter la place où j'étois. J'ai refifté d'un air refpectueux. Quoi ? vous ofez m'arrêter ! (avec une impatience qui éclatoit dans fes yeux). Je chercherai un paffage par la fenêtre, fi vous me le refufez par la porte. Encore une fois, vous n'avez aucun droit de me retenir.

Vous me voiez prêt, ma très - chere vie, à confeffer que tous vos reffentimens font juftes. Je me reconnoîtrai coupable. C'eft à genoux que je vous demande grace, (& j'ai plié en effet un genou). Pouvez - vous oublier ce que vous devez à votre promeffe ? Jettez-les yeux fur l'heureufe perfpective qui s'ouvre devant nous. Ne voiez - vous pas Milord M..... & Milady Sadleir, qui brûlent de vous embraffer, en vous com-

blant de bénédictions. Etes vous insensible à l'amitié de Milady Lawrance & de
ma cousine Montaigu, qui se mettent
en chemin pour vous voir? N'avez-vous
pas de confiance à leur protection, si
vous n'en avez plus à la mienne? Vous ne
souhaitez donc pas de voir l'ami de votre
oncle? Attendez du moins l'arrivée du
Capitaine Tomlinson. Recevez de sa
propre bouche, l'agréable nouvelle du
consentement que votre oncle donne à
tout ce que nous avons désiré l'un &
l'autre.

Elle m'a paru tout d'un coup fort affoi-
blie, & prête même à s'évanouir. Elle
s'est appuiée contre le mur. Je me suis
mis à deux genoux devant elle. Un ruisseau de larmes est sorti à la fin de ses yeux
moins indignés. Dieu tout puissant! a-
t'elle dit en levant son aimable visage
& joignant ses mains avec une action
triste & passionnée, delivre-moi du plus
dangereux de tous les hommes, & donne
moi ta lumière pour guide. Je ne sais
ni ce que je fais, ni ce que je puis ou ce
que je dois faire!

Dans toute cette scéne, les femmes
n'avoient rien entendu qui fût ouvertement contraire au recit que je leur avois
fait. Elles ont crû démêler, dans l'affoi-

blissement de son transport & dans cette
espèce d'incertitude, le retour d'une
tendresse que l'indignation avoit jusqu'a-
lors étouffée ; & joignant leurs instances, pour lui persuader d'attendre l'arrivée du Capitaine & d'écouter ses pro-
positions, elles lui ont représenté les
dangers auxquels son départ pouvoit exposer une personne de sa figure, sans
garde & sans protection. D'un autre
côté, elles ont fait valoir mon repentir
& mes promesses ; jusqu'à s'offrir pour
caution de ma fidelité : tant elles avoient
été touchées de mon discours & de mon
humiliation ! Les femmes, Belford,
reconnoissent tacitement l'infériorité de
leur sexe, par le plaisir orgueilleux
qu'elles prennent à voir un Amant à leurs
pieds.

La charmante fille s'est avancée vers
une chaise qui se trouvoit dans le passage, & s'est assise d'un air languissant.
Je me suis levé. Je me suis approché
d'elle, avec la contenance la plus hum-
ble. Ma très-chere Clarisse ! ..... J'allois continuer ; mais retrouvant dans son
cœur la force de ranimer sa langue & ses
yeux, elle m'a interrompu : ingrat, insensible Lovelace ! vous ne connoissez
pas, m'a-t'elle dit, le prix du cœur que

vouz avez outragé. Vous ne comprenez pas non plus combien mon ame eſt au-deſſus de votre baſſeſſe. Mais la baſ-ſeſſe doit ètre neceſſairement le partage de celui qui eſt capable d'une action baſſe.

Les deux femmes, commençant à croire que nous étions dans de meilleurs termes, ont voulu ſe retirer. La chere perverſe s'y eſt oppoſée. Mais elles ſe ſont apperçues que je deſirois leur ab-ſence, & j'ai été fort ſatisfait de leur promptitude à ſortir. Je me ſuis jetté encore une foix aux pieds de mon opi-niâtre beauté. J'ai reconnu mes offenſes, j'en ai imploré le pardon, & pour cette fois ſeulement; avec promeſſe d'obſer-ver plus de circonſpection à l'avenir.

Il lui étoit impoſſible, m'a-t'elle dit, de me pardonner, auſſi longtems qu'elle ſe ſouviendroit de mes outrages. Qu'a-vois-je vû dans ſa conduite, qui eût été capable d'exciter mon audace? Quelle injurieuſe idée devois-je avoir d'elle, pour mêtre flatté du pardon après m'être rendu ſi coupable?

Je l'ai ſuppliée de relire la lettre du Capitaine Tomlinſon, parce qu'il me paroiſſoit impoſſible qu'elle y eût donné l'attention qu'elle meritoit.

Je l'ai lue, a-t'elle repliqué ; j'ai lû aussi les autres lettres avec une attention suffisante ; ainsi je ne dis rien qu'avec délibération. Et qu'ai-je à craindre de mon frere & de ma sœur ? Ils ne peuvent qu'achever la ruine de ma fortune, du côté de mon pere & de mes oncles. Qu'ils me dépouillent ; j'y consens volontiers. Ne vous ai-je pas aussi, Monsieur, l'obligation d'avoir diminué la fortune qui m'étoit destinée ? Mais, graces au Ciel, mon ame ne se ressent pas de cette ruine. Elle s'éleve au contraire au-dessus de la fortune & de vous. Qu'on me dise un mot, je suis prête à renoncer en faveur de mon frere & de ma sœur à la Terre qui excite leur envie, & même à toutes les espérances qui leur causent de l'inquiétude.

J'ai levé les mains & les yeux au Ciel, avec un silence d'admiration !

Mon frere, a-t'elle continué, peut me regarder comme une fille perdue. Graces à votre caractère, qui vous a fait parvenir à m'arracher de ma famille, il peut croire qu'il est impossible d'être avec vous & de conserver de l'innocence. Vous n'avez que trop justifié leurs plus ameres censures, dans chaque partie de votre conduite. Mais à présent que j'ai

fu vous échapper , & me mettre hors des
atteintes de vos miſtérieux ſtratagêmes ,
je m'envelopperai dans mon innocence ,
& je me repoſerai ſur le tems & ſur ma
conduite du retabliſſement de mon caractère. Laiſſez-moi donc , Monſieur ,
ne vous obſtinez pas à me pourſuivre.....

Juſtice du Ciel ! ai-je interrompu. Et
pourquoi tant de chaleur & d'emportement ! Si je n'avois pas cedé à vos inſ-
tances .... pardon Madame ! mais vous
n'auriez pû pouſſer le reſſentiment plus
loin.

Miſérable ! n'eſt-ce pas un aſſez grand
crime , de m'avoir reduite à ces inſtan-
ces ? Voudrois-tu te faire un merite de
n'avoir pas ruiné tout à fait celle à qui
tu devois de la protection ? Vas.... fuis
ma préſence (avec un nouveau tranſport
qui lui a rendu l'éclat naturel de ſon
teint). Ne me vois jamais. Je ne puis
te ſouffrir devant mes yeux.

Très-chère , très-chere Clariſſe !

Si je te pardonne jamais...... Elle
s'eſt arrêtée à ce terrible exorde. S'efforcer , a t'elle repris , s'efforcer de jetter
l'effroi dans l'eſprit d'une fille de mon
âge , par des ruſes prémédirées , par de
lâches inventions , par des allarmes d'incendie ! d'une fille qui s'étoit détermi-

née à subir un malheureux sort avec toi!

Chere Clarisse! au nom de Dieu.....
(en tâchant de saisir sa main , tandis que
pour s'éloigner de moi elle s'avançoit
vers une salle voisine)

Tu oses nommer Dieu! Tu oses l'in-
voquer! O le plus noir , & le plus téné-
breux de tous les hommes! Ensuite s'é-
tant essuié les yeux , & tournant à demi
la tête vers moi ; dans quel horrible
embarras m'as-tu jettée! Mais si tu connois Clarisse Hararlove , tu chercheras
ton prétendu bonheur avec toute autre
qu'elle. Combien de fois m'as-tu forcée
de te dire que j'ai l'ame supérieure à toi?

Madame! au nom de Dieu, & par compassion pour un malheureux que vous
pouvez sauver du plus affreux desespoir,
pardonnez-moi cette dernière offense.
Que je sois exterminé , si je l'ai prévûe!
Cependant je n'ai pas la présomption de
m'excuser. Je m'abandonne à votre pitié.
Je n'ai que mon repentir à faire valoir.
Mais voiez le Capitaine Tomlinson.
Voiez ma tante & ma cousine. Qu'ils
plaident pour moi. Qu'ils se rendent ga-
rans de mon honneur.

Si M. Tomlinson , m'a-t'elle dit alors,
paroît ici tandis que j'y serai , je pourrai
le voir : mais pour vous , Monsieur.....

Chere Clarisse ! (en l'interrompant)
je vous demande en grace de ne pas groffir mes fautes aux yeux du Capitaine ;
de ne pas . . . . .

Quoi ? Je prendrois parti contre moi-
même ! J'excuferois . . . . .

Non, Madame. Mais ne me chargez
point d'une odieufe préméditation ! Ne
donnez pas, à ma faute, une couleur
qui puiffe affoiblir les favorables difpo-
fitions de votre oncle, fortifier la haine
& les efpérances de votre frere . . . . .

Elle s'eft éloignée de moi jufqu'à l'ex-
tremité de la falle (je l'aurois defiée
d'aller plus loin). Au même moment,
Madame Moore eft venue l'avertir qu'on
avoit fervi, & qu'elle avoit engagé Mifs
Rawlings à lui tenir compagnie à dîner.
Je vous demande un peu d'indulgence,
a-t'elle repondu. Je demande la même
grace à Mifs Rawlings. Je ne puis rien
prendre, je ne fuis point en état de
manger. Pour vous, Monfieur, (en fe
tournant vers moi) je fuppofe que vous
prendrez le parti de vous retirer, du-
moins jufqu'à l'arrivée de la perfonne
que vous attendez.

Je fuis forti refpectueufement de la
falle ; mais pour laiffer à Madame Moore
le tems de lui apprendre que j'avois droit

à ſa table comme au logement. Je m'étois approché d'elle pour l'en prier. Miſs Rawlings s'étant trouvée dans le paſſage; très-chere Miſs, lui ai-je dit, ſoiez de mes amies. Joignez - vous à Madame Moore pour ramener l'eſprit de ma fem-me, ſi ſes tranſports recommencent en apprenant que j'ai ici mon appartement & la table. Je la crois trop généreuſe, pour vouloir empêcher qu'une honnête femme ne loue une partie de ſa maiſon dont elle n'a pas d'uſage à faire.

Je ſuppoſe que Madame Moore, qui étoit reſtée ſeule avec ma Charmante, lui a communiqué cette importante nou-velle avant que Miſs Rawlings ſoit ren-trée; car j'étois encore avec cet Oracle de Hamſtead, lorſque j'ai entendu de ſa bouche; non aſſurément. Il ſe trompe. Il eſt impoſſible qu'il me croie capable d'y conſentir.

Elles lui ont fait toutes deux des re-proches, autant que j'en ai jugé par quelques mots échappés. Elles parloient ſi bas, que je n'ai pû recueillir une phraſe entière; à l'exception de ma cruelle, dont la colère lui permettoit moins de moderer ſa voix. Ainſi, je n'ai compris les diſcours des autres que par ſes reponſes.

» Non, chere Madame Moore ; non,
» Miſs Rawlings : ne me preſſez pas da-
» vantage. Vous ne me verrez point
» à table avec lui.

Elles lui ont dit apparemment quelque
choſe en ma faveur :

» O le malheureux ſeducteur ! Que
» faire pour ma defenſe, contre un
» homme, qui, dans quelque azile que
» je puiſſe choiſir, a l'art de faire tourner
» tous les ſuffrages en ſa faveur, & ceux
» mêmes des perſonnes vertueuſes de
» de mon ſexe !

Après quelques mots encore, que je
n'ai pû entendre diſtinctement, elle a
repondu : » Ruſe execrable ! Si vous
» connoiſſiez ſa noirceur, vous juge-
» riez qu'il n'eſt pas ſans eſpérance de
» vous engager toutes deux à ſeconder
» le plus lâche de ſes complôts.

Comment ſe peut-il, ai-je penſé à
l'inſtant, qu'elle arrive à ce degré de
pénétration. Ce n'eſt pas aſſurément
mon demon qui me trahit. Si je l'en
croiois capable, je me marierois à l'inſtant, pour le trahir à ſon tour.

Je ſuppoſe que les deux femmes lui
ont repréſenté alors ce que j'avois dit à
Miſs Rawlings en la quittant ; qu'elle
ne voudroit pas s'oppoſer à l'avantage de

Madame Moore. ›› Vous ferez maîtreſſe
›› du prix, n'en doutez pas, a-t'elle
›› repondu. Ce n'eſt pas de ſa liberalité
›› que je vous exhorte à vous défier.
›› Mais nous ne pouvons habiter fous le
›› même toît. Si je le pouvois, pour-
–› quoi l'aurois je quitté, pour chercher
›› une retraite parmi des étrangers ?

Enſuite, pour reponde à quelque
repréſentation en ma faveur : ›› C'eſt
›› une erreur, Meſdames. Je ne ſuis
›› pas reconciliée avec lui. Je ne crois
›› pas un mot de tout ce qu'il me dit.
›› Ne vous a-t'il pas fait connoître de
›› quoi il eſt capable, par le déguiſe-
›› ment où vous l'avez vû ? Si mon hiſ-
›› toire étoit moins longue ou ſi je de-
›› vois être ici plus longtems, je vous
›› convaincrois que tous mes reſſenti-
›› mens ne ſont que trop juſtes.

Elles l'ont preſſée apparemment de
ſouffrir du moins que je dînaſſe avec elles
car elle leur a dit. ›› Je n'ai pas d'objec-
›› tion ſur ce point. Vous êtes chez vous
›› Madame Moore. C'eſt votre table
›› Le choix de vos convives dépend
›› de vous. Mais laiſſez moi la liberté
›› de choiſir les miens. Et puis, à l'offre
›› qu'elles faiſoient ſans doute de lui
›› envoier quelques plats dans ſa chambre

» bre. Un morceau de pain, s'il vous
» plaît, & un verre d'eau ; c'est tout ce
» que je puis prendre à présent. Je suis
» réellement affez mal. N'avez - vous
» pas remarqué combien j'étois foi-
» ble ? L'indignation feule m'a fou-
» tenue.

» Je ne vous condamne point de le
» faire dîner avec vous, a-t'elle ajouté,
» fur quelque autre objection de la
» même nature ; mais fi je n'y fuis for-
» cée, je ne pafferai point une feule
» nuit fous le même toit.

Je fuppofe que Mifs Rawlings lui a dit
que n'aiant pas l'honneur de dîner avec
elle, il n'y avoit point de raifon qui
l'obligeât elle-même de dîner chez Madame Moore ; car elle lui a repondu :
» que je ne prive pas Madame Moore
» de votre compagnie. Il ne vous dé-
» plaira point à table ; fon entretien eft
» amufant. Enfin elles doivent lui avoir
repréfenté, que je pourrois abufer de fon
abfence pour donner une bonne couleur
à ma conduite, puifqu'elle leur a repliqué : » Rien ne m'importe moins que
» ce qu'il dit ou ce qu'il penfe
» Le repentir eft le feul mal que je lui
» fouhaite, de quelque manière que le
» Ciel difpofe de moi. Le fon de fa voix

m'a fait juger qu'elle pleuroit en prononçant ces derniers mots.

Les femmes sont sorties toutes deux, en s'essuiant les yeux; & leur zèle s'est tourné à me persuader de rendre l'appartement que j'ai loué, & de me retirer jusqu'à l'arrivée du Capitaine. Mais je connois trop bien mes intérêts. Malgré toute la bonne intelligence que Miss Howe me suppose avec le diable, je ne juge point à propos de me fier à lui pour retrouver ma Belle, si j'avois le malheur de la perdre encore une fois. Ma plus grande crainte est qu'elle ne se jette dans sa famille; & je suis persuadé que ses parens ne resisteroient pas au charme de son éloquence. Mais, comme tu le verras, la lettre de Tomlinson est propre à me rassurer de ce côté-là : surtout lorsqu'il me dit que son oncle ne se croit pas libre lui-même d'entretenir une correspondance directe avec elle.

Tous mes sermens de vengeance ne m'empêcheront pas de t'avouer, que je souhaiterois de pouvoir lui faire un merite, dans mon cœur, du retour volontaire de son affection, & d'avoir le moins d'obligation qu'il sera possible à la médiation du Capitaine. Mon orgueil y est intéressé. C'est une des raisons qui ne m'a pas per-

mis de l'amener d'abord avec moi. J'ai
fait reflexion auſſi que ſi j'étois obligé
d'avoir recours à ſon aſſiſtance, il étoit à
propos que j'euſſe vû la Belle ſans lui,
pour me trouver en état de le diriger
dans ſa conduite & dans ſes diſcours,
ſuivant l'humeur & la diſpoſition où j'aurois laiſſé cette implacable Déeſſe.

Au fond, je n'ai pas été faché d'entendre de Madame Moore que le dîner étoit
ſervi, & cet interméde eſt venu fort à
propos. Nous étions tous hors d'haleine.
Le parti que ma Charmante a pris de remonter à ſa chambre lui a donné le tems
de ſe refroidir, & à moi celui de me fortifier & d'attendre le Capitaine. Je ſuis
entré, avec les femmes, dans la ſalle à
manger. Madame Moore à commencé
par envoier un plat d'Entrée à ſa belle
Cliente. Mais elle s'eſt obſtinée à ne
prendre qu'un morceau de pain & un
verre d'eau. Je m'y étois attendu. N'eſt-
elle pas une Harlove ? Il ſemble qu'elle
veuille s'endurcir à la fatigue ; quoiqu'elle n'en ſoit jamais fort ménacée.
Quand elle refuſeroit abſolument de
m'avoir obligation, ou, pour m'exprimer dans des termes plus convenables à
mes ſentimens, quand elle refuſeroit de
m'obliger, n'eſt-elle pas ſure de l'amitié

& du secours de tous ceux qui auront le bonheur de la voir ?

Mais j'ai une question à te faire, Belford. N'as-tu pas quelque inquiétude pour moi, sur la lettre que cette Beauté chagrine a dépechée par un homme à cheval, & sur la réponse de son amie ? Ne crains-tu pas aussi que Miss Howe, apprenant la fuite de sa chere Clarisse, ne soit allarmée pour le sort de sa derniére lettre, qui n'étant sortie des mains de Wilson qu'après cet évenement, doit être tombée apparemment dans les miennes ? Si tes réflexions vont si loin, je n'ai pas mauvaise opinion de ta tête. Apprens donc qu'on a pourvu à toutes ces circonstances, avec autant d'habilcté que la prudence humaine en est capable. Je t'ai deja dit que Will est aux aguets, pour le Messager. C'est un ivrogne de Village, qui se nomme le vieux *Grimes*. Que Will parvienne seulement à le joindre, je te repons du reste. Ne sais-tu pas qu'il y a plus de sept ans que ce coquin est à mon service ?

LETTRE CCXXI.

M. LOVELACE, à M. BELFORD.

AVec Miss Rawlings, nous avions à dîner une jeune veuve, niéce de Madame Moore, qui est venue passer un mois chez sa tante. Elle se nomme *Bevis :* une petite femme vive, étourdie, & deja, je t'assure, pleine d'admiration pour moi ; qui paroit écouter avec étonnement tout ce qui sort de ma bouche, & prête à m'approuver avant que j'aie parlé. Nous n'étions pas sortis de table, qu'avec le secours de ce qu'elle avoit pû recueillir avant le dîner, elle étoit aussi bien instruite de notre histoire que les deux autres.

Comme il étoit important pour moi de les disposer en ma faveur contre tout ce qui pouvoit venir de Miss Howe, j'ai soigneusement commenté quelques mots, que j'avois deja lâchés sur le caractère de cette malicieuse fille. Je l'ai représentée comme une créature arrogante, vindicative, artificieuse, entreprenante, qui,

ſi le Ciel l'avoit fait naître homme,
auroit juré, maudit, commis des viols,
& fait le diable (je n'en doute pas,
Belford) : mais qui grace néanmoins
à l'éducation de ſon ſexe, à beaucoup
d'orgueil, & même à beaucoup d'inſo-
lence, jouit de la reputation d'une fille
vertueuſe.

Madame Bevis eſt convenue que l'é-
ducation y contribuoit beaucoup, & que
la fierté même n'y nuiſoit pas ; tandis
que Miſs Rawlings s'eſt écriée d'un air
prude, à Dieu ne plaiſe que la vertu ne
ſoit qu'un effet de l'éducation! Sans prendre parti ſur la queſtion, j'ai aſſuré que
Miſs Howe étoit l'eſprit le plus fecond
& le plus ſubtil en mechancetés que j'euſſe jamais connu ; qu'elle avoit toujours
été mon ennemie : que j'ignorois ſes
motifs ; mais qu'elle mépriſoit l'homme
que ſa mere vouloit lui donner pour mari, un nommé Hickman, du meilleur
caractère du monde : que je ne pouvois
m'imaginer qu'elle me crût préférable à
lui ; mais que bien des gens néanmoins
ne donnoient pas d'autre cauſe à l'animoſité qu'ils lui connoiſſoient contre
moi, & plaignoient une jeune perſonne
auſſi aimable que ma femme, de ne pas
mieux lire dans le cœur de cette amie

prétendue. Cependant, ai je ajoûté, personne ne devoit connoître mieux qu’elle, la force d’une haîne qui a fa racine dans l’envie. Je vous ai dit, Madame Moore, & à vous, Miss Rawlins, quelle trifte expérience elle en a faite dans fa fœur Arabelle.

J’ai reçu ici quantité de complimens fur ma figure & fur mon efprit, qui ont donné à ma modeftie une occafion finguliére de fe déploier, en défavouant tout le merite qu’on avoit la bonté de m’attribuer. Non en vérité, Mefdames... Il y auroit trop de vanité à me l’imaginer. Je fuis votre ferviteur.... Mais tous les efforts que j’ai faits n’ont fervi qu’à donner une haute idée de ce caractère modefte & généreux que tu me connois, Belford, & qu’on a joint au compte, pardeffus toutes les vertus que j’avois l’injuftice de me dérobber.

Et, pour te parler de bonne foi, elles m’ont prefque perfuadé à moi-même, que Miss Howe eft réellement amoureufe de moi. J’ai été plus d’une fois tenté de m’en flatter. Qui fait s’il n’en eft pas quelque chofe ? Je fuis convenu, avec le Capitaine, qu’il ne manquera pas de l’infinuer dans l’occafion. Mais qu’en penfes-tu toi-même, Belford ? Il eft certain qu'elle hait Hickman : & les filles qui n'ont pas le cœur engagé ne haïssent guéres, quoiqu'elles puissent ne pas aimer. S'il est vrai qu'elle en aimeroit mieux un autre, pourquoi ne seroit-ce pas moi ? Je suis homme de bonne mine. Je suis un libertin. N'est-ce pas ce qu'il faut à vos Dames du bel air ? Où seroit la merveille, qu'un homme capable d'engager les affections de Clarisse Harlove eût obtenu celles d'une fille, qui se croiroit honoré, avec elle, de tenir le second rang ?

Ne m'accuse pas ici d'un excès de vanité. Chacun doit avoir la sienne, au degré qui lui convient. Je me souviens d'avoir été modeste, & de ne m'en être pas mieux trouvé. Mais, pour revenir à ma narration, après avoir si bien préparé mon *auditoire* contre les lettres de Miss Howe, & pour le retour du Messager de ma Charmante, j'ai jugé à propos de faire entendre que ma femme ne pouvoit souffrir la moindre reflexion sur le caractère de Miss Howe, & je n'ai pas manqué d'ajoûter, avec un profond soupir ; combien de fois me suis-je vû malheureux par la mauvaise volonté de bien des femmes que je n'avois jamais offencées ? Madame Bevis a répondu qu'elle n'avoit pas de peine à se le persuader.

Ces ouvertures, joint à celles qui viendront de la part de Will, dans l'intérieur de la maison, (car je prétens qu'il devienne amoureux de la servante de Madame Moore, & qu'il se vante d'avoir épargné cent guinées, à mon service) avanceront beaucoup mes desseins, suivant la disposition des circonstances.

LETTRE CCXXII.

M. LOVELACE, à M. BELFORD.

A Peine étions nous sortis de table, que mon Cocher, qui avoit l'œil attentif à l'arrivée du Capitaine Tomlinson, comme Will à celle du vieux Grimes, a conduit ici ce digne Officier, suivi d'un laquais ; l'un & l'autre à cheval. Il a mis pied à terre. Je me suis empressé d'aller au-devant de lui jusqu'à la porte. Tu connois la gravité de sa contenance, & ce visage qui ne rougit de rien : cependant tu aurois peine à t'imaginer quel air de dignité le *maraut* a pris dans ce moment, & combien j'ai paru respectueux devant lui.

Je l'ai conduit dans la salle voisine, &
je l'ai présenté aux Dames. Il m'a paru
d'une importance extrême de dissiper entiérement quelque défiance qui pouvoit
leur rester encore de notre mariage, &
je ne pouvois y parvenir plus sûrement
qu'en nouant devant elles un petit dialogue avec lui.

Cher Capitaine, je vous accusois de
lenteur. J'ai eu ce matin un terrible débat avec ma femme.

Capt. Je suis extrèmement faché que
ma diligence n'ait pû repondre à mon intention. Un compte que j'avois à faire
avec mon Banquier, (qu'en dis tu, Belford?) m'a retenu plus longtems que je
n'ai pû le prévoir [la tête à demi tournée en même tems, pour ajuster de la
main un côté de sa perruque,]... Une
bagatelle, cinquante pistoles seulement,
qui avoient été oubliées dans le premier calcul... (Le pauvre diable n'a pas
eu, depuis dix ans, cinquante pistoles
à lui).

Nous sommes tombés tout d'un coup
sur le caractère des Harloves, à l'occasion de quelque plainte qui m'est échappée, & qui a fait prendre parti au Capitaine pour son cher ami M. Jules, avec
un *doucement, doucement, jeune homme,*

& d'autres termes auſſi libres. Il a trouvé
la cauſe de leur animoſité dans mes bravades. Jamais, a-t'il dit, une bonne famille, qui ſe voit une fille charmante,
ne recevra volontiers des bravades, au
lieu des civilités qu'elle ſe croit en droit
d'attendre. Il me prioit de ne pas m'of-
fenſer de ce reproche ; mais la nature
lui avoit donné un cœur ouvert, qui ne
lui permettoit pas de deguiſer ſes ſentimens. Dailleurs il demandoit aux Dames,
ſi la raiſon ne parloit pas pour lui. (C'é-
toit les mettre tout d'un coup dans ſes
intérêts). La leçon que mon épée avoit
faite au frere, lui a t'il plû d'ajoûter,
avoit aggravé l'offenſe.

Quelle idée de ma vaillance cette
reflexion a fait prendre aux femmes ! ce
ſexe nous aime à la folie, nous autres
braves.

Le Capitaine étoit libre dans ſon eſtime, ai-je repondu. Moi, de toute
cette famille, je n'aimerois jamais que
ma femme ; & n'aiant aucun beſoin
d'eux, je n'aurois pas fait, ſans elle,
tant d'avances pour une reconciliation.

C'eſt le propre d'un bon caractère, a
dit Madame Moore : & très-bon même,
a dit Miſs Rawlings Si bon, très-bon ;
dites d'un très-généreux caractère, a dit
Madame Bevis.   C vj

Le Capit. Oui , je fuis obligé d'en convenir ; car je n'ignore pas que M. Lovelace a été fort maltraité : je dis , plus
mal, qu'avec fa naiffance & fon courage
on ne l'auroit cru capable de le fupporter. Mais il me femble , Monfieur , (fe
tournant vers moi) , qu'une femme telle
que la votre eft une abondante recompenfe ; & qu'en faveur de la fille , il
doit vous être aifé de pardonner au pere.

Mad. M. C'eft ma penfée.

Mifs R. Ce fera la penfée de tous ceux
qui auront eu l'honneur de voir Madame
Lovelace.

Mad. B. Je n'ai rien vû de fi beau,
affurément : mais elle eft d'un caractère
violent , & même un peu capricieux,
autant que je l'ai pû comprendre On ne
connoit ce que vaut un bon Mari , qu'a-
près l'avoir perdu. Elle a fini cette réflexion par un foupir.

Lovel. De grace, Mefdames , rien qui
puiffe rejaillir fur mon Ange. Ma femme en eft un. Peut-être fes vertus font-
elles mélées de quelques petites taches ,
telles qu'un peu d'emportement & trop
de repugnance à pardonner. C'eft en
quoi elle tient des Harloves ; pouffée
dailleurs par cette Mifs Howe..... Mais
fes innombrables vertus font uniquement
d'elle.

Le Cap. Oh ! pour la chaleur d'esprit, vous avez raison de nommer Miss Howe. C'est elle que vous pouvez accuser d'en avoir trop. Cependant (avec un regard malicieux) elle merite aussi quelque pitié.

(Je l'ai fort bien conduit , comme tu vois , à confirmer ce que j'avois dit de cette fille mâle ; & nous étions convenus de lui imputer un amour secret pour moi , comme le plus sur moien d'affoiblir tout ce qu'elle étoit capable d'écrire).

Le Cap. Monsieur Lovelace , si , je ne connoissois votre modestie , vous pourriez donner une fort bonne raison.....

Lov. [Ici , j'ai baissé les yeux , d'un air tout à fait modeste] C'est ce que j'ai peine à me persuader , Capitaine. Mais passons là-dessus , s'il vous plaît.

Le Cap. J'y consens. Venons à la situation de vos affaires..... Seulement , il y auroit peut-être de l'indiscretion..... (en jettant les yeux sur moi & sur les trois femmes).

Lov. Hà ! de ce côté-là , Capitaine , vous n'avez rien à redouter dans cette compagnie. Mais, vous , André , [me tournant vers mon nouveau laquais , qui me servoit à table] sortez. Cette bonne fille , en regardant la servante de la maifon, fuffira pour les befoins qui nous reftent.

[André eft forti. Il avoit fes inftruc-tions : & la fervante a paru fort fenfible à la préférence que je faifois d'elle].

Le Cap. La fituation de vos affaires, Monfieur, eft d'une nature qui me paroît capable d'arrêter le fuccès de tous mes foins, fi M. Jules en étoit malheureufe-ment informé. Il douteroit de la verité de votre mariage, comme tout le refte de la famille. [Les femmes ont prêté ici l'oreille avec un finguliére attention] Je vous en ai deja demandé les circonf-tances, & je ne vous ai pas vû d'empref-fement à me répondre. Cependant, il feroit à propos que je fuffe un peu mieux inftruit. Je vous avoue qu'il n'entre point aifément dans mon efprit, fi l'on ne fup-pofe une haîne ouverte, qu'une femme fe reffente affez vivement de ce qui peut arriver entre-elle & fon mari, pour fe croire autorifée à *s'évader*......

Lovel. Capitaine..... Monfieur..... Je vous affure que je m'offenferai..... que vous m'affligerez extrêmement, fi vous employez des termes.....

Le Cap. Votre délicateffe & votre amour, Monfieur, peuvent vous ren-dre trop prompt à vous offenfer ; mais c'est ma méthode, de donner leur nom aux choses, s'en offense qui voudra. (Tu ne te figurerois pas, Belford, avec quel air d'assurance & de liberté le maraut m'a fait cette réponse). Lorsque vous nous aurez éclaircis, Monsieur, nous trouverons quelque nom qui vous plaira davantage, pour cette téméraire demarche, d'une jeune personne si digne d'admiration à tout autre titre. Comprenez, que représentant ici mon cher ami M. Jules Harlove, je dois parler aussi librement qu'il parleroit lui-même; mais vous rougissez, Monsieur. Pardon, Monsieur Lovelace. Je sens qu'il ne convient point à un homme modeste de vouloir pénétrer des secrets qu'un homme modeste ne peut réveler.

[Je n'avois pas rougi le moins du monde; mais loin de rejetter ce compliment, j'ai baissé aussitôt les yeux. Les femmes ont paru charmées de ma modestie; à l'exception de Madame Bevis, que j'ai cru voir plus disposée à rire qu'à m'admirer].

Le Cap. De quelque source que soit venue cette démarche, je ne la nommerai plus une évasion, puisque ce terme blesse votre amour; mais vous me permettrez du moins d'exprimer ma surprise, lorsque je me rappelle les té-

moignages mutuels d'affection dont j'ai
été temoin la derniére fois que je vous
ai vûs. *Un excès d'amour*, Monſieur; je
me ſouviens que vous m'avez dit quelque choſe d'approchant. Mais en vérité
[avec un ſourire] un excès d'amour eſt
une étrange cauſe de quérelle..... Peu
de femmes ....

Lov. Cher Capitaine! [j'ai tâché ici
de rougir. Les femmes ont taché de
rougir auſſi, &, comme tu penſes,
avec plus de ſuccès, parce qu'elles y ſont
plus accoûtumées. Madame Bevis a le
teint haut en couleur; elle rougit con-
tinuellement].

Miſs R. Ces explications ne menent à
rien. La jeune Dame paroît déſavoue
ſon mariage; [& ſe tournant vers moi
vous ſavez, Monſieur, qu'elle le déſavoue.

Le Cap. Elle déſavoue ſon mariage
Juſte Ciel!combien en ai-je donc impoſé
à mon cher ami M. Jules Harlove!

Lov. Chere & incomparable femme
Mais que perſonne, je vous prie, ne
doute de ſa ſincérité. Pour un Empire
elle ne voudroit pas ſe rendre coupable
d'un menſonge volontaire [j'ai reçu ici
des louanges de tout le monde]. Cett
chere Perſonne croit avoir de juſtes rai

sons pour son désaveu. Vous savez, Madame Moore, vous savez, Miss Rawlings, ce que je vous ai raconté de mon serment.

[Ici, j'ai baissé la vûe, & j'ai tourné mon diamant autour de mon doigt. Madame More a porté les yeux sur Miss Rawlings, comme son associée au mistère. Miss Rawlings a baissé la vûe comme moi, les paupiéres à demi fermées. La veuve Bevis a levé la tête, au contraire, avec toute l'avidité d'une femme pour entendre un secret. Le Capitaine a paru content de lui même, comme s'il en eût deja pénétré la moitié. Enfin, Madame Moore a rompu ce modeste silence. Il me paroît, a-t'elle dit, que rien n'explique mieux la situation de M. Lovelace, que les mauvais office de c ette Miss Howe, & que les rigueurs de la famille, qui ont peut être un peu affecté, dans certains momens, la tête de sa charmante épouse ; & je le trouve extrêmement généreux d'avoir cédé au mal, dans ces occasions, plutôt que de l'avoir irrité. Assurément, a dit Madame Bevis, c'est de quoi l'on ne trouveroit pas d'exemple entre mille maris.

J'ai demandé en grace que ma femme ne sût jamais rien de cette conversation,

& j'ai affecté encore plus de modestie. Je devois convenir, ai-je ajoûté, que son plus grand défaut étoit un excès de délicatesse.

Le Capitaine, après avoir promené ses yeux autour de lui, s'est écrié que sur ce que j'avois laissé échapper à Londres, & sur ce qu'il venoit d'entendre, il croioit pouvoir conclure que notre mariage n'étoit pas consommé.

Ah Belford! Quel air niais tu aurois vû prendre à ton ami, ou tu l'aurois vû tâcher de prendre! Que de minauderies sur le visage de Madame Moore! Que d'affectations sur celui de Miss Rawling! tandis que l'honête Bevis ouvroit de grands yeux effrontés, & que ses levres ne faisant que sourire, ses yeux rioient de toute leur force, & sembloient inviter les yeux de tous les assistans à rire aussi.

Le Capitaine s'est hâté d'observer que s'il avoit deviné juste, j'étois un Phœnix entre les hommes, & qu'il commençoit à se flatter que dans un jour ou deux, tous les differends prendroient une heureuse fin. Alors, a-t'il ajoûté, il auroit le plaisir d'assurer M. Jules, qu'il avoit comme assisté à notre veritable mariage.

Toutes les femmes se sont jointes à lui dans cette espérance.

Ah Capitaine! Ah Mefdames! Que je ferois heureux de pouvoir amener ma femme à penfer comme moi !

Ce feroit un dénouement très-agréable, a dit Madame Bevis; & je ne vois rien qui nous empêche de paffer fort gaiment cette nuit. Le Capitaine a majeftueufement fouri. » Il voioit, m'a-t-il dit, que » nous avions fait les enfans. Un homme » de mon caractère devoit avoir une » prodigieufe eftime pour une femme, » lorfqu'il étoit capable de fe préter à » des caprices de cette nature. Je l'ai » prié de ne pas pouffer plus loin fes re- » flexions devant les Dames, en confef- » fant d'un air embarraffé, que ma ten- » dre folie me coutoit affez cher. Enfin, les trois femmes m'ont paru fi bien dif-pofées, que j'ai commencé à m'applau-dir d'avoir changé la maifon de Mada-me Sinclair pour celle de Madame Moore. Nous fommes tous d'accord fur le point principal, fans en excepter ma Charmante. La difference entre-nous n'eft que fur les moiens de parvenir à la fin propofée.

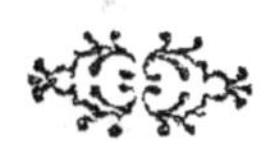

LETTRE CCXXIII.

M. LOVELACE, au même.

IL étoit tems de faire savoir à ma femme, que le Capitaine Tomlinson étoit arrivé ; d'autant plus qu'elle avoit deja demandé à la servante, si ce n'étoit pas lui qu'elle avoit entendu à cheval, & qui étoit entré dans la maison.

Madame Moore est montée à sa chambre, pour la supplier en mon nom de nous accorder audience. Mais elle est revenue nous dire aussitôt, que Madame Lovelace prioit le Capitaine de l'excuser pour le présent ; qu'elle se trouvoit fort mal : que dans l'abbatement où elle étoit, elle craignoit de ne pouvoir soûtenir une longue conversation, & qu'elle étoit forcée de se mettre au lit.

Cette réponse m'a causé d'abord assez de chagrin ; & je n'étois pas même sans allarmes pour la santé d'une femme si chere. J'avoue qu'elle avoit essuié beaucoup de fatigue, & qu'après avoir porté le ressentiment si loin, il n'étoit pas surprenant qu'elle se trouvât très-abba-

tue lorſque ſes eſprits commençoient à ſe
calmer. Ils devoient être fort bas, je
dois le dire, ſi l'abbaiſſement eſt pro-
portionné à l'élevation; car elle s'étoit
élevée dans pluſieurs momens au-deſſus
du caractère d'une mortelle.

Cependant le Capitaine lui a fait dire
que s'il lui étoit permis ſeulement de lui
faire la reverence, il regarderoit cette
permiſſion comme une grande faveur,
& qu'il retourneroit à la Ville pour achever quelques affaires, après leſquelles
il ſeroit libre de lui donner demain toute
la matinée. Mais elle s'eſt défendue de
le recevoir ſur le champ, ſous prétexte
d'un violent mal de tête; & Madame
Moore nous a confirmé qu'elle n'étoit
pas bien.

J'aurois ſouhaité de pouvoir engager
le Capitaine à loger cette nuit dans la
maiſon. Son tems, m'a-t'il dit, lui étoit
trop précieux; ſes affaires mêmes ne
s'accommodoient pas trop de la néceſſité
de revenir le lendemain. Mais il étoit
reſolu d'apporter tous ſes ſoins à retablir
la paix entre-nous, autant par conſidé-
ration pour ma femme & pour moi, que
pour ſon cher ami, M. Jules Harlove,
qui devoit ignorer que notre méſintelligence eût été ſi loin. Ce qu'il pouvoit

m'offrir uniquement, c'étoit de prendre
le thé avec la compagnie. On s'est con-
formé à ses intentions. J'ai eu avec lui
quelques momens d'entretien particulier,
après lesquels il s'est hâté de remonter à
cheval. Son laquais, dans l'intervalle,
avoit fait prendre une haute idée de lui
aux gens de la maison ; & Madame
Bevis, qui n'étant point une femme
fiére, vit très-familiérement avec les domestiques de sa tante, est venue dire,
aux deux autres femmes, que c'étoit un
homme de naissance, & d'un merite ex-
traordinaire, auquel il étoit étrange
qu'on fit négliger toutes ses affaires, &
qu'on donnât la peine de revenir. Je
parriérois ma vie, a-t'elle ajoûté assez
haut pour me le faire entendre, qu'il est
entré autant d'humeur que de mal de
tête, dans le refus qu'on a fait de voir
un homme si respectable. Mon Dieu !
que de gens qui se plaignent d'autrui,
dont le bonheur dépend deux-mêmes !
Comme elle n'avoit parlé que pour être
entendue, j'ai poussé gravement un
profond soupir, & j'ai fait quelques
reflexions morales sur le cœur humain,
qui veut être heureux, & qui se trompe
presque toujours dans le choix des
moiens qui lui conviennent. Les deux

Veuves ont admiré mon esprit ; & miss Rawlings, les regardant avec un sourire obligeant, m'a fait connoître que dans le fond de son cœur elle me nommoit un charmant homme.

A peine avois-je fini mes observations, que l'honnête Will a paru & m'a fait appeller d'un air empressé. J'ai jugé par les libertés qu'il a prises avec moi, qu'il m'apportoit d'heureuses nouvelles. Après m'avoir causé une mortelle impatience par ses transports de joie & ses ennuieux recits, il m'a déclaré enfin qu'il tenoit le vieux Grimes dans un cabaret, où il l'avoit deja presque ennivré : & tirant une lettre de sa poche ; la voilà, Monsieur, la voilà ; mais ne perdez pas un moment. Grimes ne sait pas que je l'ai. Il faut que je retourne avant qu'il s'en apperçoive. J'ai feint de le quitter pour une ou deux minutes. Il sera obligé d'attendre que j'aille paier l'écôt.

J'ai pris cette importante piéce avec toute l'ardeur que tu peux t'imaginer ; & j'ai pensé donner vingt soufflets au coquin, pour avoir fini par où il devoit commencer. Ce n'étoit qu'un billet assez court. Je l'ai présenté au jour, de tous les sens, pour m'efforcer de le lire sans rompre le cachet ; tandis que mon im-

pertinent valet ne ceſſant point de rire,
de plier les jambes, de lever les mains &
de faire cent grimaces de la bouche &
des yeux, s'écrioit de tems en tems,
Dieu, Dieu! quelle joie! Ce miſérable
trouve plus de plaiſir à faire du mal, que
je n'en eſpére du ſuccès de tous mes de-
ſirs. Qu'on me diſe que ces coquins-là
ne ſont pas plus heureux que leurs
Maîtres.

Il m'eſt venu à l'eſprit de chiffonner
aſſez la lettre pour en mettre le cachet en
poudre. On auroit pû ſuppoſer qu'il ſe
feroit broié par hazard, dans les poches
du Meſſager. Cependant je n'ai pas voulu m'expoſer au ſoupçon d'y avoir eu
part; ſurtout lorſque je ſuis parvenu
ſans ce ſecours à ſatisfaire mes yeux avides, excepté ſur quelques mots qui m'é-
toient derobbés par le pli des lignes, mais
auxquels il m'étoit facile de ſuppléer.
Voici à peu près ce que j'ai lu. Tu te
ſouviens, que ma Charmante avoit deja
changé ſon nom pour celui de *Miſs Lætitia Beaumont*. Elle s'en donne une autre
à préſent. Eſt-ce de moi qu'elle tient
l'art de ces petites friponneries? Ce Billet lui étoit adreſſé ſous le nom de Madame *Henriette Lucas*.

» C'eſt de tout mon cœur & de tout
mo

» mon ame que je vous felicite, ma
» chere, d'être enfin délivrée de votre
» infâme fcélerat. Je brûle d'en appren-
» dre les circonftances. Ma mere n'eft
» pas au logis : mais, attendant fon re-
» tour à chaque minute, je me hâte de
» dépêcher votre Meffager. Le plus
» preffant de mes foins fera de faire
» chercher Madame Townfend ; & fi
» je la vois dans un jour ou deux, je
» vous écrirai auffitôt avec plus d'éten-
» due. Vous exprimerai-je toute l'in-
» quiétude où je fuis, pour une lettre
» que je vous envoiai hier par Collins,
» & qu'il doit avoir laiffée chez Wilfon
» depuis votre départ ? Elle eft affez
» importante pour me faire craindre ex-
» trêmement qu'elle ne foit tombée
» entre les mains de l'infâme. Ne tar-
» dez point à l'envoier prendre, fi vous
» le pouvez fans faire découvrir votre
» retraite ; & s'il l'avoit deja, prenez
» quelque occafion pour me le faire
» favoir. A vous, à vous pour toujours.

ANNE HOWE.

O Belford ! que l'interception de cette
lettre m'a mis le cœur à l'aife ! Je l'ai
rendue à mon valet, en lui defendant

de boire davantage. Il m'a confeffé, qu'il avoit deja beaucoup bû. Comment, coquin ? lui ai-je dit ! ne dois-tu pas faire l'amour ce foir à une des fervantes de Madame More ? Il l'avoit oublié, m'a-t'il repondu : mais il me promettoit d'être fobre. Je l'ai chargé de faire fa leçon à Grimes : recommande lui fur fa vie de ne pas dire qu'il fe foit arrêté, ni qu'il ait parlé à perfonne ; & qu'il vienne à cheval jufqu'à la porte. La difficulté, m'a-t'il dit, étoit de le remettre fur fa felle. Il eft parti, & j'ai rejoint tranquillement les femmes.

Un quart d'heure après, j'ai vû paroître l'Ivrogne à cheval chancellant fur fa felle, tantôt d'un côté, tantôt de l'autre, & fa tête joignant quelque fois celle de fa monture. Les femmes ont paru fort fatisfaites de ne me voir aucun empreffement pour lui parler; quoique j'euffe quelque regret, leur ai-je dit, de ne pouvoir approfondir le miftère de fa commiffion. Au contraire, je les ai priées de faire avertir auffitôt ma femme, du retour de fon Meffager. Son mal de tête n'a point empêché qu'elle ne foit defcendue fur le champ. Elle s'eft avancée jufqu'à la porte, pour recevoir la lettre des propres mains de Grimes ; elle

s'eſt retirée à l'écart pour la lire ; & revenant bientôt au Meſſager, qui avoit
beaucoup de peine à ſe ſoutenir ſur ſon
cheval ; » voilà votre argent, mon ami.
» Je me plains un peu de votre lenteur.
» Mais comment ferois-je, pour trou-
» ver quelqu'un qui puiſſe partir ſur le
» champ pour Londres ? Je vois que
» c'eſt ce qu'il ne faut pas attendre de
» vous. Grimes a pris ſon argent, a
laiſſé tomber ſon chapeau, qu'il a fallu
ramaſſer pour lui, & s'eſt retiré, en pouvant à peine articuler quelques mots.
Will n'auroit pas dû le pouſſer juſqu'à ce
point. Mais le coquin étoit dans ſes
états, avec un ivrogne tel que lui-même.

Ma Charmante s'eſt adreſſée à Madame More : » Pouvoit-on lui procurer
» un homme à Cheval ? Elle ne s'arrê-
» toit point au prix. Il n'étoit queſtion
» que d'aller prendre dans le *Pall mall*,
» chez M. Wilſon, une lettre qu'on y
» avoit laiſſée pour elle. Il n'a pas été
difficile de lui trouver un nouveau Meſſager, qui eſt venu prendre ſes ordres.

C'eſt inutilement que j'ai fait mes efforts pour l'arrêter, en bas. Je ſuppoſe que
le mal de tête eſt revenu. Clariſſe, comme
le reſte, de ſon ſexe, peut ſe porter bien ou

son gré. Je pénétre ses vûes , ai-je pensé. C'eſt de recevoir de Miſs Howe toutes les lumiéres dont elle a beſoin , avant que de prendre ſes reſolutions.

Elle eſt remontée , avec les marques d'une inquiétude exceſſive, pour la lettre qu'elle envoioit prendre à Londres. Elle a prié Madame More de l'avertir , ſi je faiſois partir quelqu'un de mes gens pour la Ville : dans la crainte ſans doute que je ne miſſe les mains ſur cette précieuſe lettre. Elle auroit été plus tranquille , ou peut être auſſi l'auroit-elle été moins , ſi quelqu'un avoit pû lui apprendre que le Capitaine Tomlinſon , qui ne peut manquer d'être à Londres avant ſon Meſſager , y laiſſera une lettre ſi importante , dont j'eſpère beaucoup d'utilité pour notre réconciliation,

Belford , Belford ! peux-tu croire que j'aurai pris tant de peine , & reçu tant de fois le nom d'infâme , pour n'en tirer aucun fruit ? Je m'imagine que tu trembles à préſent pour moi. Quoi ? Lovelace , laiſſeras-tu tomber entre ſes mains une lettre qui va te perdre , & perdre ta Sinclair avec toutes ſes Nimphes ? Tu penſes donc à te reformer ? Tu penſes ſans doute au mariage ?

Patience , pauvre eſprit. Ne ſaurois-tu te fier un peu à ton maître ?

LETTRE CCXXIV.

Monsieur LOVELACE, au même.

JE n'ai fait pas difficulté de monter dans
l'appartement sur lequel j'avois de
justes droits, & j'ai emploié le tems à
t'écrire. Mes quartiers commençoient à
me paroître bien établis. Mais la cruelle
fille apprenant que je comptois de loger
si près d'elle, s'est déclarée contre ce
dessein, avec tant de violence, que je
me suis vû forcé à la soumission. J'ai ac-
cepté une autre Logement, que Madame Moore m'a procuré à dix ou douze
portes de la sienne. L'unique faveur que
j'aie obtenue sans la participation de ma
femme, c'est que dans la crainte de
quelque nouvelle avanture, Will cou-
chera dans la maison. A la vérité, Madame Moore sembloit craindre également de nous désobliger tous deux.
Mais la prudente Rawlings a jugé qu'on
ne devoit rien m'accorder de plus. Je suis
extrêmement tenté de l'en faire repentir.
Viens, Belford; charge toi de ma vangeance. L'entreprise est un badinage

pour nous. Je suis plus content de la veuve Bevis. Elle a pris vivement mes intérêts. Un homme innocent, a-t'elle dit, un mari offensé, trouvera par tout des amis. J'ai répondu avec un soupir, que les caractères aussi doux que le mien étoient toûjours exposés à la tirannie; & j'ai renouvellé en même tems, au fond de mon cœur, mes sermens de vangeance contre cette altiére & perverse beauté.

Le second Messager est revenu vers neuf heures, avec la lettre de Miss Howe. Il a rapporté que Collins, en la laissant chez Wilson, avoit recommandé qu'elle fut remise en mains propres à Miss Lætitia Beaumont, avec autant de diligence que de sureté : mais que Wilson aiant su que nous n'étions point à Londres, elle & moi, (comment auroit-il pû deviner notre quérelle ?) avoit pris le parti de la garder, jusqu'à l'occasion de la remettre lui-même dans les mains de l'une ou de l'autre. C'est ce que Wilson a fait dire à ma femme en livrant la lettre au Messager. Cette fidélité n'aura pas manqué de l'avancer beaucoup dans ses bonnes graces.

Elle a pris la lettre avec un extrême empressement. Elle l'a ouverte de même, devant Madame Moore & Madame Bevis ; car Miſs Rawlings s'étoit retirée. Je ſuis bien aiſe qu'elle n'ait pas fait plus d'attention au cachet ; quoique je me flatte qu'il n'y manquât rien. Avant que de ſe mettre à la lire, elle a dit que pour tout au monde elle n'auroit pas voulu que cette lettre fût tombée entre mes mains, & que ſa chere amie lui en avoit témoigné beaucoup d'inquiétude.

Sa chere amie ! a repeté Madame Bevis, lorſqu'elle m'a fait ce recit. Ces mauvais caractères ſon troujours regardés comme de chers amis, juſqu'à ce qu'on ait appris à les connoître.

Je ſuis extrêmement content de cette Veüve, Belford. Elle prétend que je ſuis le plus aimable homme qu'elle ait jamais vû. Je lui donne quelquefois un baiſer, qu'elle reçoit de fort bonne grace. En vérité, je ſerois bien méchant, ſi je faiſois tout le mal qui dépend de moi. Mais mon uſage a toujours été d'abandonner une proie trop aiſée, aux libertins du bas ordre. Malgré toutes les perfections de ma Clariſſe, rien ne m'engage tant ici que la difficulté. Mais il eſt queſtion, à préſent, de vaincre ou de périr.

Je viens de quitter ma complaisante Veuve. Elle m'a fait l'honneur de me visiter dans mon nouveau logement, je lui ai dit qu'autant que je pouvois le prévoir, je lui aurois d'autres obligations dans le cours de cette facheuse avanture; qu'elle me permettroit de lui faire un présent digne d'elle, lorsque mes embarras seroient heureusement terminés; mais que je la suppliois de ne communiquer à personne ce qui se passeroit entre-elle & moi, pas même à sa tante, qui me paroissoit trop dépendante de Miss Rawlings; fort honnête fille à la vérité, mais qui n'étoit pas au fait des matières conjugales, comme ma chere Veuve.

J'avois raison, m'a-t'elle dit. Où Miss Rawlings auroi-t'elle pris ces lumiéres? De l'orgueil . . . . . fondé sur rien; c'est tout ce qu'elle lui connoissoit. A l'égard du présent, elle n'en désiroit pas. C'étoit assez pour elle de pouvoir contribuer à la réconciliation d'un mari avec sa femme, & faire avorter de mechans desseins: elle ne doutoit pas qu'un esprit aussi envieux que Miss Howe ne triomphat de l'évasion de Madame Lovelace. La jalousie & l'amour étoient capables de bien des noirceurs. Vois, Belford, si je n'ai pas quelque chose à me promettre de cette nouvelle connoissance. Lorsque nous serons un peu plus familiers, qui sait, si tout banni que je suis de la maison pendant les nuits, je ne trouverai pas, avec son secours, le moien de rendre une visite nocturne à ma cruelle? Compte qu'il n'y a pas de retraite sure pour une femme, qui est une fois aux prises avec un amant ferme & entreprenant.

Mais tu brûles de me voir revenir à la lettre de Miss Howe. Je savois que tu en serois allarmé pour moi. Cependant, ne t'ai-je pas dit que j'avois pourvu à tout? J'ai toûjours soin de garder les cachets entiers & de conserver les enveloppes. Etoit-il donc si difficile de copier une lettre, en prenant soin de l'allonger un peu? Compte sur l'habileté de ton ami. Tout étoit en si bon ordre, que ne pouvant être soupçonné d'avoir eu le pacquet entre les mains, j'aurois defié tout le monde d'y reconnoître mes traces. Si c'étoit l'écriture de ma Charmante qu'il m'eût fallu contrefaire, j'en aurois désespéré pour une si longue lettre. La délicatesse & l'égalité de son ame se

D v.

font remarquer jufques dans la forme de
fes caractères. Mifs Howe n'a pas la main
mauvaife ; mais elle eft fort éloignée
d'être fi reguliére L'impatience naturelle de ce petit demon précipite l'action
de fes doigts, comme tous fes autres mouvemens , & communique à fon écriture
je ne fai quel air convulfif, qu'il n'eft pas
plus difficile à la plume d'imiter , qu'au
pinceau de repréfenter certains gros traits
mufculaires du vifage.

Es-tu curieux de lire ce que j'ai permis à Mifs Howe d'écrire à fa charmante
amie ? Tu peux te fatisfaire ici. J'ai pris
foin de fouligner mes changemens &
mes additions.*Si tu es capable de fentir
tout ce que j'y ai mis d'art , tu admire-
ras prefque autant que moi-même ma
profonde fageffe & la fécondité de mon
invention. J'y fais entrer Mifs Lardner,
Madame inclair, Tomlinfon, Madame Fretcheville, Mennell , fur tout *mes
libertés :* & pourquoi , je te prie, cette
furabondance de foins ? pourquoi ?
C'eft qu'il peut arriver , à l'avenir, qu'il
m'echappe quelque lettre du demon
Howe, dans laquelle ma Charmante foit

* On fupprime cette Lettre contrefaite ; & l'on
fupprimeroit l'action même , fi des traits fi révoltans
ne fervoient à prouver que l'Ouvrage n'eft pas une
fiction.

renvoiée à quelqu'un de ces noms ; & s'il ne se trouvoit pas dans celle-ci , je serois en déroute , *Infanterie & Cavalerie ,* comme diroit ici Milord M . . . , pour avoir négligé des circonstances qui paroîtroient legeres néanmoins à tout autre que moi.

Que de peines ! Que d'embarras ! dont je puis dire que je n'ai l'obligation qu'à moi-même : & pour obtenir . . . quoi ! me demandes-tu ? Ah Belford , pour un triomphe que je mets au - dessus de la Couronne Impériale. Ne me demandes pas ce que j'en penserai un mois après. La Couronne même Impériale , qu'est-elle pour celui qui s'est fait une habitude de la porter ?

L'inquiétude de Miss Howe n'étoit pas mal fondée pour sa lettre. Ce que j'y ai laissé suffira pour rendre sa chere amie très - contente , de la pensée qu'elle n'est pas tombée entre mes mains.

Mais c'est à présent qu'il faut mettre toutes mes inventions en œuvre , pour intercepter celle qu'on attend de Miss Howe , & qui contiendra sans doute le nom & les circonstances d'une retraite que je dois ignorer. Madame Townsend se propose apparemment de m'enlever ma Belle en contre-bande. J'espere que

l'infâme, comme je suis nommé si souvent dans les lettres des deux amies,
saura tirer parti de ce grand évenement.

Mais n'est-il pas à craindre qu'avec le
secours de Miss Rawlings, ma Charmante
ne quitte Hamstead pendant la nuit ?

J'y ai pensé, Belford. Will ne couche-
t'il pas dans la maison : & la veuve Bevis
n'est-elle pas une amie sure ?

LETTRE CCXXV.

Monsieur L O V E L A C E *, au même.*

Samedi , 10 *de Juin , à* 6 *heures du matin.*

MA Charmante donna , hier au
soir , à la servante dont Will en-
treprend de se faire aimer, une lettre
pour Miss Howe , sous l'adresse de M.
Hickman, pour la porter à la poste. J'ose
assurer qu'on ne s'appercevra point, que
ni l'enveloppe ni la lettre aient été ou-
vertes. Je n'y ai trouvé que huit ou neuf
lignes , par lesquelles ›› on rassure Miss
›› Howe sur le sort de sa lettre , en lui
›› promettant une plus longue réponse
›› lorsqu'on aura le cœur plus tranquille
›› & les doigts moins tremblans. On parle
›› en général d'un nouvel incident , (du
›› bonheur , apparemment, que j'ai eu

» de découvrir ses traces) dont on res-
» sent beaucoup de chagrin , & qui
» cause de nouvelles incertitudes ; mais
» dont on attendra le succès, (voilà
» quelque motif d'espérance , Belford)
» avant que d'exposer une si chere amie
» à de nouveaux embarras. On sera dans
» une mortelle impatience jusqu'à l'ar-
» rivée de la prémiere lettre qu'on at-
» tend , &c.

Là-dessus , Belford , j'ai cru qu'il étoit d'un homme généreux , d'épargner à Miss Howe l'inquiétude qu'elle peut concevoir de ces ouvertures imparfaites, qui sont capables d'allarmer prodigieusement un esprit si vif. Ainsi , avec tant de facilité pour imiter ce que j'ai devant les yeux , j'ai écrit un autre billet , que j'ai mis sous la même enveloppe , à la place de celui que j'y avois trouvé , sans y faire d'autre changement que celui qui convenoit à mes idées. Le voici puisque tu es bien aise de tout lire.

Hamstead , Vendredi au soir.

Mon éternelle amie ,

Quelques lignes seulement (jusqu'à ce que mes esprits soient plus calmes & mes doigts plus tranquilles, & jufqu'à ce que je fois un peu remis du trouble où m'ont jettée vos informations) pour vous apprendre que votre lettre eft venue heureufement jufqu'à moi. Au retour de mon Meffager, j'ai envoié fur le champ chez Wilfon. Graces au Ciel, elle y étoit encore. Puiffe le Ciel vous recompenfer de toutes les peines que je vous ai caufées, & de vos tendres intentions pour une amie qui fera toujours entiérement à vous.

Il m'en a coûté affez de peine, pour rendre mon imitation fi exacte, que je me flatte de ne pouvoir être foupçonné. Dailleurs j'efpére que Mifs Howe accordera quelque chofe au trouble des efprits & au tremblement des doigts. J'ai fait reflexion auffi que ce billet ne pouvoit arriver trop tôt, & je l'ai dépéché par un des gens de Mowbray. Le moindre délai, comme tu penfes, auroit caufé de l'inquiétude à Mifs Howe, qui l'auroit communiquée à fon ami ; &, peutêtre, elle à moi, d'une manière qui ne m'auroit pas plû.

Tant de peine, repétera-tu, pour une fimple fille ! Oui, Belford ; mais cette fille, n'eft-ce pas Clariffe ? Et qui

fait, si pour me récompenser de ma per-
sevérance, la fortune ne m'amenera pas
son amie ? On a vû des évenemens
moins vraisemblables. Ne doute pas du-
moins que si je l'entreprens, je ne la fasse
tomber dans mes filets.

LETTRE CCXXVI.

Monsieur LOVELACE, au même.

Samedi, à 8 heures du matin.

JE reviens de chez Madame Moore,
où j'étois allé pour recevoir les ordres de ma Charmante ; mais sa porte ne
s'est pas ouverte pour moi. Elle a passé
une fort mauvaise nuit.

Il ne faut pas douter qu'elle ne regrete
d'avoir poussé trop loin ses ressentimens,
comme je dois regreter de n'avoir pas
fait un meilleur usage de la nuit du Mercredi

Faisons, Belford, une petite revûe
de ma situation, & des nouveaux
soins de ma prudence. J'ai vû ce matin
les femmes, & je les trouve moitié in-
certaines, moitié resolues.

Le frere de Miſs Rawlings lui reproche de n'avoir plus d'autre maiſon que
celle de Madame Moore.

Madame Moore ne peut faire un pas
ſans Miſs Rawlings.

Quoiqu'il ne me ſoit pas permis de
loger dans cette chere maiſon, j'en ai
loué tous les appartemens juſqu'aux gré-
niers, pour un mois certain, au prix
qu'on a voulu, table & logement, pour
ma femme & pour tout ce qui m'appartient. Mais j'ai mis, pour condition,
qu'elle n'en ſeroit pas informée dans ces
circonſtances. Ainſi, je crois avoir lié
Madame Moore par l'intérêt. C'eſt pro-
portionner, comme Lucifer, les ten-
tations aux penchans.

Miſs Rawlings balance alternativement,
lorſqu'elle entend notre hiſtoire de la
bouche de ma femme ou de la mienne.
Cette Miſs Rawlings n'a pas l'air cré-
dule. Je ne me ſuis pas encore attaché
à connoître ſon foible. La premiere fois
que je la verrai, je veux étudier ſes in-
clinations & ſes défauts. Les conſequen-
ces & les applications ſuivront bientôt.

La veuve Bevis, comme je te l'ai déja
dit, eſt entiérement à moi.

Mon valet Will couche dans la maiſon. Mon autre coquin ne me quitte pas;

& par conséquent ne sauroit être tout à fait stupide.

Will est deja passionnément amoureux d'une des servantes de Madame Moore. Il a senti le pouvoir de ses charmes, au premier moment qu'il a jetté les yeux sur elle. C'est une grosse Paisane d'assez bonne façon. Mais, depuis la Duchesse jusqu'à la fille de cuisine, il n'y a point de femme qui ne soit contente d'elle-même lorsqu'elle fait la conquête d'un homme à la premiére vûe. La plus laide ne l'est jamais à ses propres yeux. Elle trouve vingt raisons pour justifier l'opinion d'un amant, soit avec le secours, soit en dépit de son miroir. Le coquin s'attribue cent cinquante livres sterling de ses épargnes. C'est cinquante de plus que je ne lui avois ordonné. Il pourroit les avoir sans doute, quoique je ne lui croie pas quatre sous à lui. Le meilleur des Maîtres, c'est moi. Un peu d'emportement peut être ; mais qui s'appaise aussitôt.

Cette fille le traîte deja fort humainement. La seconde servante est aussi fort civile pour lui. Il a dans la téte un mari qui lui convient. Mr. André, dit-elle, (c'est le nom de mon autre laquais ; & les idées vagues ne plaisent pas à *Jenny*) eſt un jeune homme qui lui paroît fort aimable. Mais ne crois pas que mes précautions ſe reduiſent-là. Quel beſoin, Belford, avec mes talens pour l'invention, quel beſoin avois-je de la Sinclair?

Ma femme peut avoir de nouvelles occaſions d'emploier les Meſſagers dont elle s'eſt ſervie pour Miſs Howe & pour Wilſon. Will eſt deja lié parfaitement avec l'un. Il le ſera bientôt avec l'autre, s'il ne l'eſt deja. Boire enſemble, c'eſt jurer amitié entre les gens de cette eſpèce. Le laquais du Capitaine a ſes inſtructions & ſes emplois. Il ſert un Maître très-humain & très-reſpectable. J'aime l'ordre & la ſubordination.

La poſte générale & particuliére (*) ſera obſervée de près.

J'ai donné diverſes deſcriptions: celle du Collins de Miſs Howe, celle des livrées, ſoit des Harloves, ſoit de Miſs Howe & d'Hickman, &c. James Harlove & Singleton n'ont pas été oubliés. Je dois être averti de toutes les informations qu'on pourroit prendre ſur la marche de ma femme, ſoit ſous ſon nom de mariage ou ſous ſon nom de fille. Le

____

(*) Celle qu'on nomme ainſi, & que les Anglois appelle *Peny-poſt*, ou poſte d'un ſou, ne regarde que laBanlieue de Londres.

prétexte eſt d'éviter toutes ſortes de dé-
ſaſtres.

J'ai donné ordre à Mowbray, à Tour-
ville, & même à Belton, ſi ſa ſanté le
permet, de prendre leurs quartiers pour
huit jours à Hamſlead, avec les plus
fidelles de leurs gens. Tes affaires par-
ticuliéres me portent à t'épargner actuellement. Mais ne laiſſe pas de te tenir prêt à remplir ton devoir dans l'occaſion.

A l'égard de ma femme, n'a-t'elle
pas lieu d'être très-contente de moi, qui
lui ai permis de recevoir la lettre de Miſs
Howe des mains de Wilſon ? Elle voit
clairement que je ne ſuis pas dangereux,
& que je ne penſe qu'à faire ma paix avec
elle, pour une legere offenſe qui n'eſt
que l'effet du hazard. Miſs Howe prétend, dans une de ſes lettres, quoiqu'avec un helas !, que ſa charmante
amie a le cœur touché en ma faveur. Il
faut par conſequent qu'elle devienne
plus traitable après cette reconciliation.
Si j'étois traité avec moins de rigueur &
plus de politeſſe, ſi je recevois d'elle quelque témoignage de compaſſion, ſi je lui
voiois un peu de penchant à m'épargner
& à juger favorablement de mes vûes ;
je ne dis pas que j'euſſe le cœur impitoia-

ble. Mais fe voir infulté, bravé, par une rebelle dont on eft le maître; qui feroit capable de le fupporter?

Je vais retourner à la fcéne de l'action. Il faut que je tienne les femmes en haleine. Je n'ai pas eu d'aujourd'hui l'occafion d'entretenir en particulier Madame Bevis. Que dire de ce miférable Tomlinfon, qui n'eft pas encore arrivé?

LETTRE CCXXVII.

Monfieur LOVELACE, au même.

De mes appartemens, chez Madame Moore.

MIfs Rawlings eft chez fon frere. Madame Moore s'occupe de fon menage. Madame Bevis eft à s'habiller. Il ne me refte que ma plume pour reffource. Maudit Tomlinfon! qui ne paroît point encore, Que faire fans lui?

Je me figure qu'il va fe plaindre, avec affez de hauteur, du traitement qu'il reçût hier.» Que lui importent nos » affaires? Peut-il avoir d'autres vûes » que celle de nous fervir? En effet, quelle cruauté de renvoier fans audience un homme de cette confideration, qui a tant d'affaires fur les bras ? Le Capitaine Tomlinfon ne remue pas le pied fans quelque motif d'importance. N'eft-ce pas une chofe infuportable, que le caprice d'une femme lui faffe perdre tant de momens précieux ?

Après - tout, Belford, j'ai befoin d'avoir l'efprit & le cœur agités par cette varieté de fcénes, pour goûter mieux, quelque jour, la douceur du repos, & reflechir avec plus de fatisfaction fur les dangers paffés & fur les peines que je me fouviendrai d'avoir effuiées. J'ai l'efprit tourné à la reflexion, tu le fais : mais fuppofer que le paffé m'occupera feul, tandis que je ferai capable de reflechir, n'eft-ce pas une veritable contradiction ?

Dans quelle forêt d'épines & de ronces un malheureux ne fe jette-t'il pas, au rifque inevitable de fe déchirer le vifage & les habits, lors qu'entreprénant de s'ouvrir des routes nouvelles en amour, il abandonne un vieux fentier, battu de tout tems par ceux qui l'ont précédé !

Changement de scéne. J'ai reçu, dans mon propre appartement, une visite de la veuve Bevis. Elle m'apprend que la nuit derniére, lorsque j'eus quitté la maison, ma femme fut tentée de l'abandonner aussi. En verité, je regreterois volontier qu'elle ne l'ait point entrepris.

Il paroît que Miss Rawlings, dont elle a pris conseil, l'en a détournée. Madame Moore, sans lui faire connoître que Will couche dans la maison, lui a représenté qu'entre les sujets de ses peines il y en a plusieurs qu'elle doit souhaiter d'éclaircir, & que d'ailleurs, jusqu'à ce qu'elle ait fixé le lieu de sa retraite, elle ne peut être plus surement que chez elle. Ma Belle s'est rappellé aussi qu'elle attend une lettre de Miss Howe, qui doit servir de direction à toutes ses démarches futures. Je ne doute pas qu'avec tous ces motifs, elle n'ait la curiosité de savoir ce que l'ami de son oncle est chargé de lui dire, quelque mépris qu'elle ait hier marqué pour un homme de cette importance : & je ne puis croire qu'elle soit absolument déterminée à se mettre hors d'état de recevoir la visite de deux des principales Dames de ma famille, & à rompre tout à fait avec moi. D'ailleurs que deviendroit - elle ? J'ajoûte que l'heureuse arrivé de la lettre de Miss Howe doit lui avoir donné un peu plus de confiance pour moi & pour tout ce qui l'environne , quoiqu'elle ait peine à l'avouer sitôt. La charité est une vertu si rare ! Les meilleures ames ne reviennent point aisément , lorsqu'elles sont une fois prévenues au désavantage d'autrui.

Samedi , à une heure.

Enfin ce Tomlinson est arrivé. Je ne manquerai point d'attribuer son retardement à ses grandes & importantes affaires ; mais il m'apprend que pour cacher sa marche à deux ou trois misérables tels que lui , dont il n'a pû se défaire autrement , il s'est vû obligé de faire un tour de cinq ou six milles. Il me sert avec zèle. Je crois que s'il continue de me plaire dans cette occasion, je le mettrai en état de vivre à son aise.

J'ai fait annoncer aussitôt son arrivée. On a répondu qu'on ne pouvoit recevoir sa visite avant quatre heures après midi. Hauteur insuportable ! ce sexe est sans aucun égard, lorsque l'humeur s'en mêle. Mais le jour, ou plutôt, l'heure de la vangeance arrivera.

Le Capitaine s'emporte. Qui peut le blâmer ? Les trois femmes conviennent-elles mêmes que c'est traiter durement un homme de cette considération, qui abandonne généreusement ses affaires pour les nôtres. Plût au ciel qu'elle eût tenté de s'évader cette nuit ! Toutes ces créatures n'étant pas mes ennemies, qui sait si, dans une si belle occasion d'exercer mon autorité de mari, je n'aurois pas trouvé assez de faveur pour la reconduire à son premier logement, ou pour me mettre en possession de tous les droits du mariage, en dépit des exclamations, des évanouissemens, des injures, & de tous les emportemens de son sexe.

De tout le jour, elle ne s'est encore montrée qu'à Madame Moore. » Elle est
» extrémement abbatue; peu capable,
» dit-elle, de l'interessante explication
» qu'elle a remise à l'après midi. Son im-
» patience est extrême de recevoir des
» nouvelles de sa chere Miss Howe,
» quoiqu'elle n'en puisse espérer que
» dans un jour ou deux. Elle a mauvaise
opinion

opinion de tout le genre humain.... Je ne m'en étonne point. L'excellente fille ! avec un pere, des oncles, un frere, tels qu'elle a le malheur d'en avoir.

Mais comment paroît elle ? Mieux qu'on ne pouvoit s'y attendre, après fes fatigues d'hier & le peu de repos qu'elle a pris cette nuit. Ces tendres colombes ne connoiffent toutes leurs for-ces, que dans l'occafion de les emploier; fur-tout dans les occafions d'amour, dont le propre eft de les occuper entiérement. Elles aiment les fcénes intriguées. La vie uniforme eft leur averfion. Une femme créera plutôt un orage, que de voir tou-jours le tems ferain. Pourvû qu'elles préfident à l'ouragan & qu'elles aient le pouvoir de le diriger, il ne manque rien à leur fatisfaction. Mais le malheur de ma Charmante, c'eft qu'elle eft condam-née à vivre dans le trouble, fans l'avoir excité, & fans être capable d'y rien changer.

LETRE CCXXVII.

Monsieur LOVELACE, au-même.

Samedi au soir, 10 de Juin.

JE me donne au diable, si je devine quelle sera la conclusion de tous mes complots & de toutes mes ruses.

A quatre heures, qui étoit le tems assigné, j'ai fait demander pour le Capitaine & pour moi la permission de monter. On a répondu qu'on étoit prête à recevoir le Capitaine (sans parler de moi le moins du monde) ; mais dans une salle d'en bas, s'il y en avoit quelqu'une de libre.

L'Antichambre d'enhaut étant à moi, peut-être n'a-t'on pas eu d'autre raison pour nommer une salle d'en-bas. Nouvelle délicatesse, si ma conjecture est vraie. Cet air de rigueur, ai-je pensé aussitot, n'est pas d'un excellent présage.

Madame Moore, Miss Rawlings, & Madame Bevis, qui étoient dans la salle avec le Capitaine & moi, ont proposé de se retirer lorsque Madame seroit descendue. Non Mefdames , leur ai-je dit ; à moins que ma femme ne le defire elle-même. Une caufe auffi jufte que la mienne ne demande pas d'être traîtée en fecret. D'ailleurs nous n'avons point d'affaire à préfent , dont vous ne foiez parfaitement informées.

Le Capitaine m'a prié d'obferver qu'il fe propofoit d'avoir , avec ma femme , quelques explications pour lefquelles elle ne fouhaiteroit peut-être la préfence de perfonne ; fans excepter la mienne , parce que je n'étois pas auffi bien avec la famille qu'il feroit à defirer pour l'avantage commun.

Eh-bien , eh-bien, Capitaine, je me foumets à tout. Vous nous ferez figne de fortir , & nous fortirons. (J'ai penfé qu'effectivement l'exclufion des femmes feroit plus naturelle de fa part que de la mienne)

Il m'a promis de nous avertir par une inclination de tête & par un figne de main , lorfqu'il fouhaiteroit de demeurer feul avec Madame. » Son oncle , » nous a-t'il dit , avoit pour elle une » tendreffe incroïable. Il efpéroit que » je n'abuferois pas de l'ardeur avec la- » quelle fon cher ami fe portoit à la ré- » conciliation, pour la rendre plus lente

» ou plus difficile. Mais il craignoit,
» comme il me l'avoit dit plusieurs fois,
» qu'en lui expliquant la cause de notre
» mésintelligence, je ne l'eusse beau-
» coup plus adoucie que je ne l'aurois dû.

Je me flatte, Capitaine, que vous
ne vous défiez pas de ma bonne foi.

Non Monsieur, a-t'il repliqué d'un
air inquiet; mais cent choses qui nous
paroissent légeres, à nous autres hommes, prennent un autre couleur aux yeux
d'une femme delicate. D'ailleurs, si
vous vous êtes lié par un serment, ne
devez-vous pas.... Il s'est arrêté.

Miss Rawlings a marqué, par un sourire d'approbation, qu'elle applaudissoit
à la délicatesse du Capitaine. Madame
Moore, sans donner si clairement son
suffrage, n'a pas laissé de confirmer celui de l'autre par un mouvement de
tête. Pour moi, je sais ce que je sais, a
dit la jolie Veuve en ouvrant de fort
grands yeux ; mais on est homme &
femme, où on ne l'est pas. J'ai peine à
concevoir les délicatesses de cette nature.

Elle vient ! Elle descend ! s'est écriée
l'une des trois femmes, au bruit de la
porte d'enhaut qui s'ouvroit. Oui, c'est
elle même ! a dit une autre, entendant
la porte qui se fermoit après elle. En

effet, la divine fille est entrée aussitôt dans la salle. Nous l'avons reçue tous avec une profonde reverence ; & de l'air majestueux dont elle s'est présentée, ce mouvement n'étoit pas libre. Cependant le Capitaine a pris une contenance fort grave.

Ici, Belford, la nécessité m'oblige de revenir à la méthode du Dialogue.

Clar. Que je ne derange personne. Ne sortez pas, Mesdames, je vous le demande en grace. (Elles paroissoient disposées à sortir ; mais s'il avoit fallu se retirer, Miss Rawlings en seroit morte de regret). Vous avez eu le tems d'être informées de mon histoire, & je ne doute pas que vous ne le soiez parfaitement, ou du moins de celle de M. Lovelace. Demeurez, je vous prie.

(Un petit exorde, ai je pensé, assez bizarre, & même assez impertinent)

M. Tomlinson (en s'adressant à lui avec son air inimitable de dignité) je suis votre servante. Vous ne vous serez pas offensée du refus que je fis hier de vous voir. J'étois réellement hors d'état de vous parler avec un peu d'attention.

Le Cap. Je suis charmé, Madame, de vous voir aujourd'hui beaucoup mieux. C'est le jugement que je porte de votre santé.   E iij

Clar. Non, je ne suis pas trop bien. Je ne me serois pas excusée de vous recevoir il y a quelques heures , si je n'avois eu l'espérance de me trouver mieux. Pardon , Monsieur , de la peine que je vous ai causée. Vous serez d'autant plus disposé à me la pardonner , qu'elle finira , j'espére , aujourd'hui.

(Si resolue ! si déterminée ! ai-je dit en moi-même. Cependant une nuit entiére , qui s'est passé sur ses ressentimens ! mais comme ces quatre mots pouvoient recevoir une explication favorable , je n'ai pas voulu les prendre dans le mauvais sens).

Lovel. Le Capitaine s'est repenti , ma chere , de n'avoir pas demandé hier à vous voir , au premier moment de son arrivée. Il a craint que vous ne l'aiez pris en mauvaise part.

Clar. Peut-être devois-je m'attendre que l'ami de mon oncle eût souhaité de me voir en arrivant. (T'attendois-tu, Belford à cette réponse ?) Mais vous avez eu , Monsieur , (en s'adressant à moi) vos raisons pour le retenir.

(Diable ! ai-je pensé. Il y avoit donc du ressentiment avec le mal de tête, comme ma bonne Bevis l'observa fort bien , dans le refus qu'on fit hier de voir cet honéte ami de Monſieur Jules.)

Le Capit. C'eſt votre faute , M. Lovelace. Je voulois rendre mes devoirs à Madame, au moment que je ſuis arrivé...

Clar. C'eſt aſſez , Monſieur ; (en l'interrompant , pour abreger les réponſes). Je ne veux pas que vous me croiez choquée d'une bagatelle. S'il ne vous a pas été trop incommode de revenir , je ſuis fort ſatisfaite.

Le Capit. (Un peu déconcerté) , je ne vous dirai pas , Madame , que mes affaires . . . . , qui ſont en fort grand nombre . . . . , n'aient pas un peu ſouffert. . . ., Mais le deſir que j'ai de vous ſervir , vous & M. Lovelace , & celui d'obliger M. Harlove , votre cher oncle & mon cher ami , me font juger les plus grandes incommodités , dignes d'un meilleur nom.

Clar. Rien de ſi obligeant , Monſieur. Vous voiez les circonſtances fort changées , depuis la derniére fois que j'ai eu l'honneur de vous voir.

Le Capit. Extrêmement changées, Madame. J'en fus très - ſurpris, Jeudi au ſoir , lorſque M. Lovelace me conduiſit à votre Logement , où nous eſperions de vous trouver.

Clar. Avez-vous quelque choſe à me
E i v

dire, qui demande un entretien particulier? (Les trois femmes ont fait alors un mouvement pour se retirer). Ne sortez pas, Mesdames. Si M. Lovelace demeure, assurément rien ne vous oblige de sortir.

(J'ai ridé le front. Je me suis mordu la levre. J'ai regardé les femmes, & j'ai secoué la tête.).

Le Capit. Je ne suis chargé de rien qui ne regarde en partie M. Lovelace, & par conséquent, de rien qu'il ne puisse entendre ; à l'exception d'un mot ou deux, qui peuvent être remis à la fin.

Clar. Je vous prie, Mesdames, ne pensez point à sortir. Tout est changé, Monsieur, depuis la derniére fois que je vous ai vû. Dans tout ce qui me concerne à présent, il n'y a plus rien à quoi M. Lovelace puisse prendre part.

Le Cap. Vous me surprenez, Madame. Je suis affligé de ce que j'entens : affligé pour l'intérêt de votre oncle, affligé pour le votre & pour celui de M. Lovelace. Il faut qu'il vous ait donné d'autres sujets de plainte que ceux dont il m'a fait l'aveu ; sans quoi.....

Lovel. En verité, Capitaine, en verité Mesdames, je vous ai raconté une grande partie de mon histoire ; & ce que je vous ai dit de l'offenſe n'a pas reçu le moindre déguiſement dans ma bouche. Si j'ai ſupprimé quelque choſe, c'eſt uniquement ce que vous ne pouviez entendre ſans accuſer cette chere perſonne d'un excès de rigueur.

Clar. Fort-bien, fort-bien, Monſieur. Vous pouvez me noircir & vous juſtifier à votre aiſe. Je ne ſuis plus en votre pouvoir. Cette penſée me conſole de tout.

Le Capit. Le Ciel me préſerve de prendre la défenſe d'un crime, qu'une perſonne de vertu & d'honneur ne peut pardonner ! Mais ſurement, ſurement, Madame, c'eſt aller trop loin.

Clar. Ne me blâmez pas, M. Tomlinſon. J'ai bonne opinion de vous, comme d'un ami de mon oncle. Mais ſi vous êtes celui de M. Lovelace, mes idée changent ; car ſes intérêts & les miens ne doivent plus rien avoir de commun.

Le Capit. De grace, Madame ; que j'aie l'honneur de vous dire un mot en particulier.

Clar. Rien ne vous empêche, Monſieur, de vous expliquer librement devant ces Dames. M. Lovelace peut avoir des ſecrets : je n'en ai aucun. Il semble que vous me jugiez coupable ; je serois charmé que tout le monde connût le fond de mon cœur. Que mes ennemis paroissent ; qu'ils m'interrogent ; je suis prête à leur reveler mes plus secretes pensées.

Le Capit. Ame noble ! Quelle femme au monde pourroit tenir ce langage ?

(Chacune des trois femmes à levé les mains & les yeux, comme pour dire ; ce n'est pas moi.)

Il n'y a rien ici qui sente le désordre, a dit Miss Rawlings : mais, en jugeant par son propre cœur, elle y a dû trouver peu de vraisemblance.

Langage admirable ! a dit Madame Bevi , en serrant les épaules.

Madame Moore a soupiré.

Moi, j'ai dit en moi même ; l'ami Belford connoit mon cœur. A cet égard, au moins, je suis plus ingenu qu'aucune de ces trois créatures , & seul comparable ici à cette divine fille.

Clar. Je ne m'informe pas comment M. Lovelace a pû decouvrir mes traces. Mais tant de méprisables inventions, tant de ruses & de vils déguisemens pour s'introduire dans cette maison, tant de mensonges hardis & choquans.....

Le Capit. Un mot seulement en particulier.....

*Clar...*pour soûtenir des droits qui n'ont aucun fondement ! Ah Monsieur ! ah ! Capitaine Tomlinson , que de raisons n'ai-je pas de dire , que cet homme est capable de toutes sortes de bassesses !

(Les femmes ont jetté les yeux l'une sur l'autre , & delà sur moi , pour voir apparemment comment je soutiendrois l'attaque. Je t'avouerai , Belford , que j'ai senti à ce moment , dans ma tête , un bouleversement qui m'a fait craindre de devenir fou. Mon cerveau me sembloit tout en feu. Que n'aurois-je pas donné, pour me trouver sur le champ seul avec elle ! J'ai traversé la chambre , en tenant le poing serré sur mon front. O ! que n'ai-je à présent quelqu'un , ai-je pensé en moi même , que je puisse déchirer & mettre en piéces !

Le Capit. Chere Madame! Ne voiez-vous pas combien le pauvre M. Lovelace.... Bon Dieu ! que j'ai trompé votre Oncle, à ce compte ? Quelle peinture ne lui ai je pas fait de votre bonheur ? Combien de fois lui ai je repété que vous seriez heureux l'un & l'autre !

Clar. Ah! Monsieur , vous ne savez pas combien d'offenses préméditées j'avois eues à pardonner la derniére fois

E vj

que je vous ai vû, pour être capable de paroître, devant vous, telle que je souhaitois alors de pouvoir être à l'avenir. Mais à présent, vous pouvez dire à mon oncle que je ne puis plus espérer sa médiation. Dites-lui que la faute dont je me suis rendue coupable, en donnant à M. Lovelace l'occasion de m'arracher à mes vrais amis, à mes amis éprouvés, mes amis naturels, avec quelque rigueur qu'ils m'aient traitée, se présente sans cesse à moi, avec d'autant plus de force pour m'effraier, que mon sort semble toucher à sa crise, suivant la malediction d'un pere offensé. (Ici elle a versé un ruisseau de larmes, qui ont produit leur effet jusques sur mon honête suppot, & qui en ont fait pendant quelques momens un *Belford*. Les trois femmes, accoûtumées à pleurer sans douleur, comme à rire sans raison, par la seule force de l'exemple, n'ont pû manquer de tirer leur mouchoir : ce qui dévoit au fond me surprendre, d'autant moins, que partagé moi-même entre la surprise, la confusion, & l'attendrissement, je n'ai pas eu peu de peine à resister. Qu'un cœur tendre est un mauvais present du Ciel ! Quel moyen d'être heureux avec un cœur sensible ? Cependant tu oses soutenir qu'un cœur dur est un cœur de tigre).

Le Capit. Quoi, Madame ? Je n'obtiendrai pas un moment d'entretien particulier ? Je vous le demande par rapport à moi seul.

Les femmes ont voulu se retirer. Elle s'est obstinée à ne pas permettre qu'elles sortissent sans moi. Le Capitaine m'a prié d'y consentir. Il me semble, ai-je pensé, que je puis me fier quelques momens à un coquin que j'ai si bien instruit. Elle ne le soupçonne de rien. Je ne lui laisserai que le tems, dont elle a besoin pour jetter son premier feu. Cette reflexion m'a fait prendre le parti de sortir avec les femmes. En me retirant, d'un air soumis, j'ai fait à ma Déesse une reverence qui m'a gagné tous les cœurs ; à l'exception de celui qu'il m'inportoit de toucher, car cette fille hautaine n'a pas plié le genou pour me répondre.

La disposition de la porte, m'a permis de me placer assez favorablement, pour ne pas perdre un mot de sa conversation avec le Capitaine : mais j'ai pris soin qu'aucun autre que moi ne pût les entendre. Ils ont parlé tous deux assez haut : elle, par le mouvement de sa colere ; lui, dans le dessein de m'obliger. Et pour diminuer l'admiration que pour-

roit te caufer ma memoire, je t'apprens
que j'avois à la main mes Tablett s &
mon craion. Si la belle Furieufe s'en etoit
défiée, peut-être m'auroit-elle épargné
quelques notes; & peut être auffi n'auroit-elle fait qu'en groffir le nombre.

Le Capitaine s'eft dabord excufé par
diverfes raifons, d'avoir donné devant
les femmes une forte de confirmation au
rapport de notre mariage. Elle n'i-
gnoroit pas, lui a-t-il dit, que pour
entrer dans les vûes de fon oncle, il en
avoit deja femé le bruit; & que cette
nouvelle aiant été jufqu'à Milord ...
& Mylady Lawrance, il avoit été obligé
de la foutenir par un nouveau témoignage. Son frere, étant refolu de la
voir à toutes fortes de prix, pouvoit découvrir fa retraite, & s'adreffer aux
femmes de la maifon, pour fe faire expliquer la verité de mes engagemens.
Ell voioit parfaitement qu'il n'avoit pû
fe difpenfer de tenir ici le même langage.
Son embarras n'avoit pas été médiocre,
parce qu'il n'auroit pas voulu, pour tout
l'or du monde, qu'on le crût capable de
duplicité ou de mauvaife foi: & c'etoit
le motif qui lui avoit fait fouhaiter fi
vivement une converfation particuliére
avec elle.

Il étoit vrai, a-t'elle répondu, qu'elle avoit consenti à cet expédient, dans l'opinion qu'il venoit de son oncle, & s'imaginant peu qu'il dût l'engager dans un si grand nombre d'erreurs. Cependant elle auroit dû ne pas ignorer qu'une erreur en amene toujours d'autres à sa suite. M. Lovelace lui avoit fait verifier cette maxime, dans plus d'une occasion; & c'étoit une remarque du Capitaine même, dans une des lettres qu'on lui avoit fait lire hier.

Il se flattoit, a-t'il repliqué, qu'elle n'avoit aucune défiance de lui, aucun doute de son honneur. Si je vous suis suspect, Madame, si vous me croiez capable......, quelle idée, Dieu tout-puissant! quelle idée vous auriez demoi!

Non, Monsieur. Dans une occasion de cette nature, il n'y a pas d'homme au monde que je puisse soupçonner. Vous ne m'etes pas suspect. S'il étoit possible qu'il y eût un tel homme au monde, ce ne seroit pas M. Tomlinson; le pere de plusieurs enfans; un homme d'âge, de sens & d'expérience.

(Le coquin m'a confessé qu'en recevant cet injuste éloge, il s'étoit senti comme percé jusqu'au fond du cœur, par un trait des yeux de ma Déesse, &

qu'il n'avoit pû se defendre de trembler.
Le remord d'une conscience foible,
Belford ; & rien de plus. J'ai fait plus
d'une fois la même expérience, dans
quelques-uns de mes entretiens avec
cette pénétrante fille).

Son oncle, à-t'elle continué, n'étoit
pas accoutumé à ces malheureux expédiens : mais elle avoit attribué sa conduite à la singularité de l'occcasion, & à ses
égards forcés pour l'honneur d'une niéce.

Cette explication a mis le Capitaine
à l'aise, & lui a rendu le courage.

Elle lui a demandé, s'il croioit que
Mylady Lawrance & Miss Montaigu
pensassent à lui rendre une visite. Il a
protesté qu'il n'en doutoit pas. Et M.
Lovelace peut-il s'imaginer, a-t'elle repris, que je me laisse engager à confirmer devant ces Dames, le bruit que
vous avez répandu ?

(Mon espérance, Belford, avoit été
de l'y engager en effet : sans quoi je ne
lui aurois pas fait voir leurs lettres : cependant j'avois dit au Capitaine que je
croiois devoir abandonner ce point).

Il a répondu qu'il me croioit fort éloigné de cette pensée, & que mon dessein,
comme il le savoit de moi-même, étoit
de leur déclarer en confidence le fond de

la verité. Enſuite, revenant ſans affectation à M. Jules, il lui a dit, que ce
digne oncle & ce cher ami avoit deja fait
quelques démarches pour une reconciliation générale. Auſſitôt, Madame, qu'il
ſera informé de votre mariage réel, il
ſe hâtera d'entrer en conférence avec
votre pere ; car il n'a pas attendu juſqu'aujourd'hui à verſer les tendres ſentimens de ſon cœur dans le ſein de votre
mere.

Et qu'à dit ma mere ? qu'a dit ma
chere mere ? a-t'elle interrompû avec
une vive émotion ; le viſage levé, l'o-
reille ouverte, comme pour abreger
le chemin que la réponſe avoit à faire
juſqu'à elle.

Votre mere, Madame, s'eſt noiée
dans ſes larmes ; & votre oncle, pénétré
de ſa tendreſſe, n'a pû continuer le
diſcours qu'il avoit commencé. Mais il ſe
propoſe de le reprendre dans les formes,
lorſqu'il ſera ſur de la célébration.

Le ſon de ſa voix m'a fait juger qu'elle
pleuroit. Cette chere perſonne, ai-je
dit en moi même, commence à ſe rallentir. Mais j'ai porté envie à l'éloquence
du maraut. Je ne pouvois ſupporter l'i-
dée, qu'aucun homme eût le pouvoir
que je n'avois pas eu, de perſuader cette

ame hautaine, quoiqu'en ma faveur; &, ce que tu auras peine à croire, j'en ai reſſenti plus de peine, que ſon rallentiſſement ne me cauſoit de plaiſir. Tout ce qu'elle dit, tout ce qu'elle fait, a des charmes. Il y a de la beauté dans ſa colere, de la beauté dans ſes pleurs. Si le Capitaine étoit un jeune homme, & s'il étoit un peu plus relevé par ſon rang ou ſa fortune, il n'auroit pas été en ſureté contre ma jalouſie, & je n'aurois pas jugé trop avantageuſement d'elle-même.

Ah! Monſieur, lui a-t'elle dit, vous ne ſavez pas tout ce que j'ai ſouffert des étranges procédés de M. Lovelace. C'eſt par une vile trahiſon qu'il m'a fait tomber dabord entre ſes mains: & depuis qu'il m'a tenue dans ſon pouvoir..... Elle s'eſt arrêtee un moment: & reprénant auſſitôt: ah! Monſieur, vous ne ſavez pas quelle conduite il a tenue avec moi, quelle eſt ſa dureté, ſon impoliteſſe; à la honte de ſa naiſſance, de ſon éducation & de ſes lumiéres.

(La premiére femme qui ait jamais fait cette plainte de moi. C'eſt ma conſolation, ai je penſé. Mais ce langage, tenu dans mon abſence à l'ami de ſon oncle, comble une meſure deja trop pleine, ma très-chere ame. Ecrivons, écrivons).

Clar. Mercredi dernier..... (Elle s'eſt encore arrêtée, & je ſuppoſe qu'elle a détourné le viſage. Il me paroît bien ſurprenant qu'elle ait voulu toucher à ce qui lui paroît ſi bas & ſi honteux ; ſur-tout devant un homme, & tête à tête avec lui.)

Le Capit. Je me garderai-bien, Madame, de vous demander des explications ſur un ſujet ſi délicat. Il reconnoît la juſtice de votre colére. Mais il proteſte ſolemnellement que l'offence n'étoit pas préméditée.

Clar. Rien n'eſt capable de le juſtifier, M. Tomlinſon. Les gens de la maiſon doivent être auſſi mépriſables que lui. Je ſuis convaincue qu'il y avoit entre-eux une ligue déteſtable.... Mais éloignons cette odieuſe idée.

Le Capit. Je n'ajoute qu'un mot, Madame. Il m'aſſure qu'il vous a marqué l'empire qu'il a ſur lui-méme, par une ſoumiſſion ſans exemple ; & que vous avez promis de lui faire grace.

Clar. Il ne m'auroit pas arraché cette promeſſe, s'il n'avoit ſu qu'il ne la meritoit pas : & je ne l'ai faite que pour me garantir du dernier outrage.

Le Capit. Tout inexcuſable qu'il eſt,

je souhaiterois , Madame , puisqu'il peut alleguer du moins en sa faveur la confiance qu'il a eue dans votre promes- se , que pour sauver les apparences aux yeux du monde & pour éviter les mal- heurs qui peuvent arriver si vous êtes ab- solument résolue de rompre avec lui , vous vous fissiez de nouveaux droits sur sa reconnoissance en excitant votre géné- rosité naturelle à lui pardonner.

Elle est demeurée en silence.

Le Cap. Votre pere & votre mere, Mada- me déplorent la perte d'une fille,que vo- tre générosité peut leur rendre. Ne les ex- posez pas au double malheur qu'ils ont à redouter ; celui de perdre , avec leur fille , un fils qui est capable de leur causer ce nouveau sujet d'affliction par sa propre violence.

Elle a paru méditer. Elle a pleuré. Elle est convenue qu'elle sentoit la force de cet argument. (Ce maraut-là sera mon Sauveur , ai je dit en moi même).

Le Capit. Permettez-moi , Madame, de vous faire remarquer qu'il ne me se- roit pas difficile , si vous l'exigiez ab- solument, d'engager votre oncle à se rendre secretement à Londres , pour vous donner à M. Lovelace de sa propre main. Je suppose cependant que ce sacheux démêlé n'ait point été jusqu'à lui.

Clar. Mais qu'ai-je tant à redouter de mon frere ? Je me plains de ses injures : peut-il se plaindre des miennes ? Implorerai-je la protection de M. Lovelace contre mon frere ? Et qui me protegera contre M. Lovelace ? Le cruel ! l'ingrat ! d'insulter une malheureuse fille, qu'il a privée lui même de tous ses protecteurs & de tou les amis ! Non, non, il ne m'est plus possible de le voir du même œil. Il n'aura plus rien à démêler avec moi. Qu'il me quitte. Que mon frere me découvre. Je n'ai pas le cœur allez foible pour craindre la vûe d'un frere qui n'a pas cessé de m'injurier.

Le Capit. Si votre frere ne paroissoit que pour conférer avec vous, pour vous faire des reproches, pour éclaircir des difficultés, j'en jugerois fort differemment. Mais quel succès devez-vous attendre d'une entre-vûe (M. Solmes présent) dans laquelle votre frere apprendra que vous n'êtes pas mariée, & que vous êtes resolue de ne jamais prendre M. Lovelace ? Encore faut-il supposer que M. Lovelace ne troublera pas votre conférence : ce que vous ne sauriez vous promettre.

Clar. Ce que je puis dire, Monsieur,

ce que je vois de plus clair , c'eſt que je
ſuis très-malheureuſe. Je dois me ſoumettre aux diſpoſitions de la providence,
& ſupporter patiemment des maux que
je ne puis éviter. Mais j'ai pris mes meſures. M Lovelace ne peut jamais faire
mon bonheur , ni eſpérer de moi le ſien.
Je n'attens ici qu'une lettre de Miſs Howe,
qui achevera de me déterminer.

De vous déterminer à l'égard de M.
Lovelace ? a interrompû le Capitaine ?

Clar. Je ſuis déterminée par rapport
à lui.

Le Capit. Si ce n'eſt pas en ſa faveur ,
Madame , j'ai fini mon rolle. Envain
chercherois-je des raiſons plus puiſſan-
tes que celles dont je viens de vous entretenir. Il y auroit de l'indiſcretion à
les repêter. Si vous ne vous ſentez pas
diſpoſée à pardonner , il faut que l'offence ait été plus grave que M. Lovelace ne le reconnoît. Mais , dans cette
ſuppoſition , Madame , aiez la bonté
de me dicter la reponſe que je dois faire
à votre oncle. Vous avez eu celle de me
dire , que ce jour finiroit ce que vous
nommez mes peines. Je les aurois crues
dignes d'un meilleur nom , ſi j'avois pû
ſervir à reconcilier des perſonnes que
j'honore du fond du cœur.

(Ici , mon cher Belford, je fuis entré d'un air grave.)

Lovel. Capitaine , je viens d'entendre une partie de vos explications avec cette adorable perfonne , dont l'unique defaut eft d'avoir un cœur implacable. Je fuis pénétré de fon obftination. Non , je n'aurois pas cru poffible qu'avec des vûes auffi proches, auffi clairement avouées, elle m'eût accordé fi peu de part à fon eftime. Cependant je me dois quelque juftice par rapport à l'offence dont j'ai eu le malheur de me rendre coupable , lorfque je vous vois tant de penchant à la croire beaucoup plus grave que je ne vous l'ai déclaré.

Clar. Monfieur, je n'écoute pas vos recapitulations. Je fuis & je dois être feule juge des infultes qui me regardent perfonnellement. Je ne veux aucune difcuffion avec vous , & je ne vous écoute pas fur un fujet fi choquant.

Elle s'eft mife en mouvement pour fortir. Je me fuis placé entre-elle & la porte. Vous pouvez m'entendre , Madame. Ma faute n'eft pas d'une nature qui s'y oppofe. Je m'accuferai moi-même avec juftice , mais fans bleffer vos oreilles.

J'ai protefté alors que le feu de Mer-

credi avoit été réel. (Il l'étoit en effet).
J'ai défavoué (avec un peu moins de
bonne foi) que l'avanture fût préméditée. J'ai reconnu que je m'étois laiſſé
emporter par la violence de ma paſſion,
& par un tranſport ſoudain, que peu de
jeunes gens dans la même ſituation,
euſſent été capable de reprimer. Mais
j'étois ſorti, ſur ſes ordres, ſur ſes inſ-
tances, ſur la promeſſe du pardon, ſans
m'être échappé à d'autres libertés, à
d'autres indécences, que celles dont les
perſonnes les plus délicates, ſurpriſes
dans une attitude ſi charmante, auroient
fait moins un ſujet d'offenſe que de badinage & de raillerie; ſur-tout lorſque
ſes allarmes pour le feu m'excitoient à
la raſſurer par toutes les expreſſions de
la tendreſſe, & qu'étant ſi proche de
l'heureux jour, je pouvois me regarder
comme un amant reconnu. Cette ex-
cuſe, ai je ajoûté, juſtifioit auſſi les
femmes de la Maiſon, qui nous croiant
actuellement mariés pouvoient ſuppoſer leur intervention moins néceſſaire
dans une ſi tendre occaſion. Sens-tu,
Belford, la hardieſſe de cette inſinua-
tion en faveur des femmes?

(Ses yeux ſe ſont remplis de la plus haute
indignation. Elle en a lancé, contre moi,

traits

traîts sur traîts. Son ame s'est montrée toute entiére dans chaque ligne de son visage. Cependant elle n'a pas dit un seul mot. Peut-être a t'elle crû trouver, dans cette apologie pour les femmes, l'explication du parti auquel je m'étois attaché malgré elle, de nous faire passer pour mariés, en arrivant dans cette maison)

Le Capit. En vérité, Monsieur, je ne puis approuver que vous aiez augmenté l'effroi de Madame, lorsque la crainte du feu l'avoit deja trop alarmée.

(Elle a voulu forcer ici le passage pour sortir. Je me suis mis le dos contre la porte, & je l'ai conjurée de m'accorder un moment.)

Ce n'est pas mon intérêt seul, très-chere Clarisse, qui me fait souhaiter que le Capitaine Tomlinson ne me croie pas plus coupable. Je n'ajouterai pas un mot sur ce malheureux sujet, lorsque j'en aurai appellé à votre propre cœur, lorsque je vous aurai demandé si cette explication n'étoit pas nécessaire devant le Capitaine. Il auroit emporté de moi une trop mauvaise opinion, s'il n'avoit jugé de ma faute que par la violence de votre ressentiment.

Le Capit. Oui, j'en conviens : & je suis très satisfait, M. Lovelace, que

vous en puiſſiez dire tant pour votre défenſe.

Clar. Admirable jugement, que celui
d'une cauſe où l'offenſeur eſt aſſis entre
les Juges ! Je ne ſoumets pas la mienne à
la deciſion des hommes ; pas même à
la votre , M. Tomlinſon. Vous me permettrez de le dire , quoique je veuille
conſerver la bonne opinion que j'ai de
vous ; ſi M. Lovelace ne s'étoit pas cru
ſur de vous avoir fait entrer dans ſes intérêts , il ne vous auroit point engagé à
faire le voiage de Hamſtead,

Le Capit. Si je me ſuis laiſſé engager
à quelque choſe , Madame , je le dis
hardiment devant M. Lovelace , c'eſt
pour l'intérêt de votre oncle & pour le
votre , beaucoup plus que pour le ſien.
Je l'ai blâmé dans le premier moment,
& je le blâme encore , d'avoir ajoûté
chagrin ſur chagrin, terreur ſur terreur....
dans le tems , Monſieur , (me regardant d'un œil fier) que Madame étoit
prête à s'évanouir devant vous,

Lovel. Je ne diſconviens pas , Capitaine , qu'il n'y ait beaucoup de fautes , beaucoup de legéretés à me reprocher ; & que ſi cette chere perſonne
m'a jamais honoré de quelque affection,
je ne ſois même un ingrat. Mais je n'ai

que trop de raison d'en douter. N'ai je
pas une preuve actuelle que jamais elle
n'a eu pour moi l'estime dont ma fierté
me rendoit jaloux, dans la facilité avec
laquelle je la vois renoncer à moi pour
une offense legere, renoncer à l'espérance d'une reconciliation dont son oncle
se fait le médiateur, & risquer les plus fu-
nestes suites ? Dans quelles circonstances
encore ! à la vûe du terme ; lorsque les
articles sont dressés & prêts à signer ;
lorsque je sollicite une médiation, que
nulle autre considération que la sienne
n'a pû me faire desirer. Par ma foi, Capitaine, cette chere personne ne doit
avoir eu que de la haîne pour moi, pendant le tems même qu'elle a voulu m'ho-
norer de sa main : & je m'imagine qu'à
présent, qu'elle est resolue de m'abandonner, c'est avec une préférence dé-
cidée dans son cœur, pour le plus odieux
de tous les hommes, pour ce Solmes,
qui doit, dites - vous, accompagner
son frere ! & dans quelles espérances,
dans quelles vûes l'accompagner ? Ciel !
comment suis - je capable de soûtenir
cette idée ?

Clar. Vous jugeriez mieux de l'estime
que j'ai eue pour vous, si vous vouliez
vous souvenir, que vous ne l'avez ja-

mais méritée.... Elle a fait ici quelques
pas ver. la fenêtre : & retournant vers
nous : M. Tomlinson, a t'elle dit au
Capitaine, je veux bien vous avouer
qu'en donnant ma main, je n'étois pas
capable de me borner à ce don. Ne l'ai-
je pas assez prouvé aux meilleurs de tous
les parens ? & n'est - ce pas cequi ma
jettée dans un abîme, dont l'homme que
vous voiez n'a fait qu'augmenter la profondeur, lorsque l'honneur & la reconnoissance l'obligeoient également de me
soutenir dans ma chute ? Je n'ai pas même
été sans inclination pour lui ; ma peine
n'est pas à l'avouer. J'ai supporté longtems
les variétés inexplicables de sa conduite.
J'attribuois ses erreurs, soit à la legereté
de son âge, soit au defaut de cette pure
& généreuse délicatesse, qui interesse
le cœur aux disgraces d'autrui. Aujour-
d'hui, ce ne peut être qu'une véritable
méchanceté, qui lui fait soutenir que sa
derniére & cruelle insulte n'a pas été
préméditée. Mais quel besoin d'en parler davantage, puisqu'elle est d'une nature qui a tout-à-fait changé cette inclination que j'avois en sa faveur, & qu'elle
m'a fait renoncer à toutes mes espérances
pour me délivrer absolument de son
pouvoir ?

Lovel. O ma très-chere Clariffe ! que nous ferions heureux l'un & l'autre, fi j'avois pû découvrir cette inclination, comme vous daignez l'appeller ; au travers d'une froideur dont jamais amant n'a fait une fi cruelle expérience !

Clar. Comptez, Capitaine, qu'il avoit fu la découvrir. Il a fu me conduire plus d'une fois à lui en faire l'aveu ; affez inutilement, je puis le dire, parce que fa vanité lui apprenoit feule à n'en pas douter, & parce que mon feul motif, dans la lenteur que j'apportois à m'expliquer, étoit la jufte crainte de ne pas lui trouver un retour de générofité. En un mot, Capitaine Tomlinfon, je n'aurois eu que du mépris pour moi-même, fi je m'étois trouvée capable de tiranie ou d'affectation pour l'homme dont je me propofois de faire mon mari. J'ai toujours blâmé la plus chere amie que j'aie au monde, pour une faute de cette nature. En un mot......

Lovel. Quoi ? mon Ange auroit eu pour moi ce favorable penchant ? Très-chere Clariffe, faites grace à mes remords ! Rendez-moi votre eftime. Mon crime n'eft pas au-delà de toute remiffion. Je vous ai arraché, dites-vous, la promeffe du pardon : mais cette pro-

meſſe, je n'en aurois pas fait la condition de mon obéïſſance, ſi je n'avois eu
l'eſpérance d'être pardonné. Laiſſez re-
paroître à vos yeux, je vous en conjure,
cette agréable perſpective, qui commençoit ſi heureuſement à s'ouvrir devant
nous. J'irai à la Ville. J'en apporterai
les permiſſions. Tous les obſtacles ſont
ſurmontés. M. Tomlinſon nous ſervira
de témoin. Il ſera préſent à la cérémonie,
au nom de votre oncle. Que dis-je, il
m'a fait eſpérer que votre oncle même ...

Le ap. Je le repête, Monſieur ; &
je ne vous diſſimulerai pas le fondement
de cette eſpérance. J'ai propoſé à mon
cher ami, (votre oncle, Madame), de
publier qu'il penſoit à faire un petit
voiage, avec moi, dans la terre qui me
reſte près de Northampton. Ce cher M.
Jules ! il y a longtems qu'il ne s'eſt pas
écarté de chez lui. Sa ſanté décline vi-
ſiblement. On pourroit répandre, que le
changement d'air eſt utile à ſa ſanté....,
Mais je m'apperçois, Madame, que je
touche un ſujet trop tendre.

La chere Clariſſe a pleuré. Elle a cru
comprendre, ſuivant l'intention du Capitaine, à quelle occaſion la ſanté de ſon
oncle alloit en decadence.

Le Capit. Nous pourrions fort - bien,

lui ai - je dit , feindre de partir pour Northampton , mais prendre tout d'un coup vers Londres. Il pourroit voir de ſes propres yeux la célébration , être tout à la foi le pere qu'on deſire & l'oncle qu'on aime.

Ma Charmante s'eſt tournée , pour s'eſſuier les yeux.

Le Capit. Au fond , comme M. Jules n'a pas rejetté ce projet , je ne vois a préſent que deux objections : l'une eſt votre facheuſe méſintelligence , dont je ſerois au déſeſpoir qu'il fût inſtruit , parce qu'elle pourroit le faire entrer dans les injuſtes ſoupçons de M. James Harlove : l'autre , que ce ſeroit encore une occaſion de délai pour la cérémonie , qu'il me ſemble qu'on pourroit terminer dans un jour ou deux , ſi .... (Il a fait ici une profonde revérence à ma Déeſſe Charmant perſonnage! Mais combien de fois n'ai-je pas maudit mon étoile, qui me fait avoir tant d'obligation à ſon adreſſe).

Elle alloit parler Son air ne m'a pas plû , quoique ſa rigueur & ſon indignation paruſſent un peu diminuées. Je l'ai prévenue ; mais il m'en a couté cher : voici l'expédient qui me vient , ai-je dit.....

F iv

Clar. Gardez vos expédiens, Monsieur J'abhorre vos expédiens & vos inventions. Je ne les connois que trop.

Lovel. Voiez, Capitaine, voiez M. Tomlinson ! Il ne manque rien à la confiance avec laquelle nous nous ouvrons devant vous. Vous ne pensiez guéres, j'ose le dire, que nous eussions vécu jusqu'au ourd'hui avec si peu d'intelligence. Mais votre amitié saura couvrir tout d'un voile Nous pouvons encore être heureux. Ah ! si j'avois pû me flatter que ce cher objet de mes transports, eût pour moi la centiéme partie de l'amour que j'ai pour elle ! Nos défiances ont été mutuelles. Cette divine personne pousse la délicatesse à l'excès. Peut-être en ai-je manqué. De-là toutes nos peines. Mais, cher Capitaine, je trouve dans mon cœur l'espérance d'obtenir son amour, parce que j'y trouve la resolution de le meriter.

Clar. La mienne est de suivre mes mesures.

Le Capit. Quoi, Madame, rien ne peut changer.....

Clar. Non, Monsieur.

Le Cap. Que vais-je dire à M. Jules Harlove ! Malheureux oncle ! Quelle surprise pour lui ! & se tournant vers moi ; vous voiez, M. Lovelace. Mais c'est à vous-même, que vous en avez l'obligation.

(Il a raison, sur ma foi, ai-je pensé. J'ai traversé la chambre, en mordant successivement de depit mes deux levres, qui avoient perdu le pouvoir de persuader).

Le Capitaine a fait une reverence à la Belle ; & s'avançant vers la fenêtre, où étoient son fouet & son chapeau, il les a pris. Il a ouvert la porte. Mon enfant, a-t'il dit à quelqu'un qui s'est présenté, ordonnez je vous prie à mon laquais d'amener mon cheval à la porte.

Lovel. Vous ne partirez pas, Monsieur. J'espére de votre bonté que vous ne partirez pas. Je suis le plus ma heureux de tous les hommes ! Demeurez de grace...... Cependant, helas !... Mais demeurez, Monsieur. On peut espérer encore que Mylady Lawrance fera plus d'impression.

Le Capit. Cher Monsieur Lovelace ! eh ! ne devois-je pas espérer que mon digne ami, un oncle affectioné, en feroit un peu plus sur sa chere niéce ? Mais pardon. Une lettre me trouvera toujours disposé à servir Madame, autant par considération pour elle-même que pour mon cher ami. F v

Elle s'étoit jettée dans un fauteuil, où, les yeux baissés, & comme immobile, elle paroissoit méditer profondement. Le Capitaine lui a fait une seconde révérence. Elle n'y a pas répondu, Monsieur, m'a-t'il dit avec un air d'égalité & d'indépendance, je suis votre serviteur. La chere *inexplicable* a continué de demeurer sans mouvement. Je n'ai jamais vû d'image d'une si profonde revérie, sur le visage néanmoins d'une personne éveillée. Il a passé devant elle, avec une nouvelle révérence. Elle ne s'est pas remuée. Je ne veux pas troubler Madame, dans ses méditations, m'a t'il dit d'une voix plus haute. Adieu, Monsieur. Vous ne me conduirez pas plus loin, je vous en supplie. Elle a paru se reveiller, en soupirant : Partez-vous, Monsieur ?

Le Capit. Oui, Madame. J'aurois fait mon bonheur de pouvoir vous être utile. Mais je vois que cette entreprise surpasse me forces.

Elle s'est levée avec un air inimitable de dignité & de douceur. Je suis fachée de vous voir partir, Monsieur ; mais je ne puis vous arrêter. Vous me voiez sans un seul ami, de qui je puisse prendre conseil. M. Lovelace à l'art, ou le bonheur, de s'en faire un grand nombre. Si vous partez, Monsieur, je ne vous arrête point.

Le Capit. Je pars à la verité, Madame; mais fi je pouvois vous fervir ou vous plaire, en fufpendant mon depart.... Eh! bien, Monfieur, en fe tournant vers moi, quel étoit donc votre expédient? Peut-être, Madame, à-t'il quelque chofe.....

(Elle a foupiré, fans faire aucune réponfe. Vangeance, ai-je dit en moi-même, garde tes droits dans mon cœur! fi l'amour te chaffe encore une fois, tu n'y rentreras jamais.)

Lovel. Voici ce que j'ai penfé, ce que j'aurois voulu propofer; (& j'ai pouffé moi-même un foupir :) que fi cette chere perfonne me refufe le pardon qu'elle m'a promis, elle eût du moins la bonté, de fufpendre fes reffentimens jufqu'à l'arrivée de Mylady Lawrance; que cette Dame fe rendit notre médiatrice ; que la chere perfonne fe mit fous fa protection & fe retirât avec elle dans fon Château d'Oxfordshire. Une des vûes qui amenent ma tante, eft de propofer à Madame de faire ce petit voyage avec elle. On peut laiffer tout le monde, excepté Mylady Lawrance, vous, Capitaine, & votre ami M. Jules, comme il le defire, dans l opini n que nous fommes mariés. orfque ma chere Clariffe fe trouvera dans le fein de ma famille, il n'en pourra refter le moindre doute à fon frere : & notre mariage étant bientôt célébré fecretement, votre rapport, Capitaine, deviendra une heureufe vérité.

Le apit Sur mon honneur, Madame, (en portant la main fur fa poitrine) l'expédient me charme. Il répond à toutes les difficultés.

Elle eft retombés dans fes méditations. Son embarras m a paru extrême. Enfin, levant les yeux au ciel, comme pour implor-r fes lumières, je ne fais ce que je dois faire, à-t'elle-dit..... une jeune fille fans amie..... De qui puis-je attendre des confeils ? Je fouhaiterois de me retirer un moment, fi j'en ai la liberté.

Elle eft fortie d'un pas tremblant, & nous l'avons entendue monter à fa chambre.

Au nom de Dieu ! m'a dit auffitôt le coquin de Tomlinfon, les mains levées dans un tranfport d'admiration & de pitié, prenez compaffion de cette admirafille. Je ne puis, je ne puis foutenir plus longtems mon rolle. Elle merite les adorations de toute la terre.

Parle bas, ai-je répondu. Le diable t'emporte. N'entens-tu pas les femmes qui reviennent ?

En effet, elle font rentrés toutes trois, la curieufe Rawlings à leur tête. Je leur ai dit que ma femme avoit demandé quelques momens pour fes réflexions ; que nous étions remplis d'efpérance ; & je leur ai repréfenté une partie de la fcéne, avec des couleurs, qui leur ont fait trouver dans le caractère de cette jeune Dame un excès de dureté & de délicateffe. La veuve Bevis a témoigné particuliérement, par fes geftes, & par quelques mots lâchés au hazard, qu'elle lui croioit un grand fond de bifarrerie & d'affectation : & j'ai obfervé, dans fes regards, que fes idées de cenfure fe changeoient quelquefois en compaffion pour moi. L'indulgence, a-t'elle dit, étoit louable. L'amour l'étoit auffi. Mais trop étoit trop. Mifs Rawlings, après avoir reproché d'un air prude, à Madame Bevis, de parler toujours un peu trop librement, a dit qu'après tout, il y avoit dans noftre hiftoire des obfcurités qu'elle ne pouvoit pénétrer ; & là-deffus elle eft allée s'affeoir dans un coin de la chambre, comme fachée d'avoir la vûe fi courte.

LETTRE CCXIX.

Monsieur LOVELACE, au même.

MA Charmante se faisant attendre un peu longtems, je me suis figuré qu'elle souhaitoit d'être invitée à revenir; & j'ai prié la veuve Bevis, au nom du Capitaine, que ses affaires rappelloient à Londres, de lui aller demander cette faveur de la part de M. Tomlinson & de la mienne. Je n'ai pas voulu charger de cette commission Miss Rawlings ni Madame More, de peur qu'elle ne se trouvat dans une disposition trop communicative, sur tout avec une fille aussi curieuse que Miss Rawlings.

Madame Bevis est revenue nous dire aussitôt, en me faisant un signe particulier de l'œil, que Madame alloit descendre. Miss Rawlings n'a pû se dispenser d'offrir, comme les autres, de se retirer; mais on lisoit, dans ses yeux, qu'elle seroit demeurée beaucoup plus volontiers : & voiant qu'on faifoit peu d'attention à fes defirs, elle s'eft retirée d'un pas plus lent que les deux autres. A peine étoit elle fortie, que ma Charmante eft entrée par l'autre porte, avec une dignité mélancolique dans fa marche & dans fon air.

Elle s'eft affife, en priant M. Tomlinfon de s'affeoir auffi.

Il s'eft placé vis-à-vis d'elle. Je me fuis tenu debout, derriére le fauteuil de la Belle; pour être en état de faire au Capitaine les fignes dont nous étions convenus. Un clignement de l'œil gauche devoit fignifier, *pouffe ce point Capitaine.* L'œil droit, avec une inclination de tête, devoit marquer mon approbation. Le doigt levé, en mordant ma levre, étoit pour dire; *éloigne cette queftion.* La tête baiffée directement, en ridant le front; *jure ici Capitaine.* Ma main toute ouverte; *prens garde d'en dire trop fur ce point.* Et tous ces mouvemens, je les pouvois faire, même ceux de la main, quand les femmes auroient été dans la chambre, fans lever les bras & fans remuer le poignet. Les paupiéres ferrées, avec un mouvement d'affirmation, étoient pour lui ordonner de fe mettre en colère.

Ma Belle a touffé. J'allois parler, pour lui épargner un peu de confufion. Mais jamais la préfence d'efprit ne lui manque lorfqu'elle en a befoin pour l'intérêt de fon honneur, ou pour le foutien de cette dignité, qui la diftingue de toutes les femmes que j'ai connues dans ma vie.

J'ai confidéré, nous a-t'elle dit, avec toute l'attention dont je fuis capable, ce qui s'eft paffé aujourd'hui dans ce lieu, & les malheureufes circonftances de ma fituation. Je ne fuis pas portée a la défiance, M. Tomlinfon ; je ne juge mal de perfonne ; au contraire, j'ai toujours pris plaifir à tirer des conclufions plus favorables que défavantageufes, quoique trompée fouvent par de fort mauvais cœurs. La malignité n'eft pas un de mes défauts : mais dans l'état où je fuis, traitée comme j'ai le malheur de l'être, indignement traitée par un homme rempli d'inventions, & qui en fait gloire....

Lovel. Ma très chere vie ... Mais je ne veux pas vous interrompre.

Clar. Dans cet état, il me convient de douter. Mon honneur m'oblige de douter, de craindre, de ne fermer les yeux fur aucun fujet d'allarme. Votre intervention, Monfieur, eft fi favorable, arrive fi à propos pour M. Lovelace ; l'expédient de mon oncle qui eft fans doute le premier de cette nature , qu'un homme fi droit & fi fimple ait jamais em-ploié ; votre rapport , fes fuites , l'al-larme que mon frere en a conçue : le te-meraire deffein qu'elle lui a fait former ; l'inquiétude de Mylady Lawrance & de toute fa famille ; les lettres foudaines que M. Lovelaces a reçues à cette occafion , & qu'il a pris foin de me montrer avec la votre ; l'air de cérémonie , entre des perfonnes qui font nées à la vérité pour en obferver beaucoup , & qui ont droit de faire valoir leur diftinction ; toutes ces circonftances me paroiffent raffemblées fi vite , & quelques - unes fi favorable-ment pour l'occafion....

Lovel. Vous avez vû , Madame , dans la lettre de ma tante , qu'elle veut fe dif-penfer des cérémonies , par le feul mo-tif de la confidération qu'elle a pour vous. Mifs Charlotte fait la même déclaration. Bon Dieu ! eft-il poffible , que vous in-terprétiez fi mal les marques de refpect que mes Proches auroient voulu vous donner ; quoiqu'affez pointilleux , je l'a-voue , dans tout autre cas. Ils ont été charmés d'avoir l'occafion de vous faire une politeffe à mes dépens. Chacun , dans ma famille , prend plaisir à rire un peu sur mon compte. Mais leur joie, sur le premier bruit de notre mariage.....

Clar. Puis-je douter , Monsieur, que vous n'aiez toujours quelque réponse prête , pour justifier toutes vos idées ? Je parle au Capitaine Tomlinson, Monsieur. Vous me feriez plaisir de vous retirer , ou du moins , de ne pas vous tenir derriére ma chaise.

Comme elle regardoit le Capitaine, en m'adreffant ces derniers mots , je n'ai pas douté qu'elle n'eût furpris fes yeux, tandis, qu'ils prénoient leçon des miens. Il m'a paru déconcerté. Depuis dix ans, il ne lui étoit pas monté tant de rougeur au vifage. J'ai mordu mes levres de dépit. J'ai fait un tour dans la chambre ; mais je n'ai pas laiffé de reprendre mon pofte ; & faifant figne des yeux au Capitaine d'obferver un peu mieux les fiens, j'ai ferré enfuite mes paupiéres , avec le mouvement convenu , comme fi je lui avois dit : *de l'action ici , du reffentiment , Capitaine.*

Le Capit. Je ne m'imagine pas, Madame que vous me croyez capable....

Clar. Ne vous offenf z pas, Capitaine, je vous ai dit, que je ne fuis pas d'un caractère foupçonneux. Pardonnez ma fincérité. Il n'y a pas dans le monde, j'ose le dire, un cœur plus sincére que le mien.

Elle a tiré son mouchoir, & l'a porté à ses yeux. J'étois prêt, à son exemple, de vanter l'honêteté de mon cœur; mais un mouvement de conscience m'a fermé les levres. Le coquin de Tomlinson m'a regardé d'un visage attendri, comme s'il m'eût demandé la permission de pleurer avec elle. Je crois qu'il n'auroit pas mal fait de pleurer. Cette marque d'un cœur sensible auroit été d'un grand secours dans l'occasion. Cependant je t'avouerai très-serieusement, que vingt fois, dans cette fatiguante conversation, je me suis dit à moi-même, que si j'avois pû prévoir qu'il dût m'en coûter tant de peine & que je dusse me rendre si coupable, j'aurois pris le parti de l'honnêteté dans l'origine. Mais pourquoi, me suis-je demandé aussi, cette chere personne est elle si charmante, & tout à la fois si difficile à vaincre?

Le Capit. Si vous doutez de mon honneur, Madame, aiez.... aiez la bonté...

(L'infame flatteur! il devoit paroître furieux. Je lui avois fait absolument le signe de la colère. Il devoit se lever, marcher brusquement vers la fenêtre, reprendre son fouet & son chapeau.)

Clar. Mes seules observations sont celles que mon âge, mon défaut d'expérience & ma fâcheuse situation me suggerent. J'avoue que plusieurs circonstances, dont vous ne pouvez avoir été informé que par mon oncle, doivent vous mettre à couvert de tous mes soupçons. Mais l'homme qui est devant vous féroit soupçonner un Ange, qui se chargeroit de sa defense.

Le Capitaine a dit quelques mots en ma faveur : doucement néanmoins, en homme qui n'est pas tout-à fait sur de paroître innocent lui même. Il a repris, avec de nouveaux tours, quelques unes des raisons sur lesquelles nous avions déja insisté l'un & l'autre : & baissant le ton, avec un air de pitié ; vous ne le voiez pas, Madame ; mais je suis touché de sa douleur. Malgré toutes ses fautes, on découvre aisément sur son visage l'effet de vos reproches, & le pouvoir que vous avez sur lui.

Clar. Je ne veux chagriner personne, pas même celui qui m'a causé de si mortels chagrins. Mais soiez sur, Capitaine que M. Lovelace n'a pas rempli avec moi les devoirs d'un homme généreux & reconnoissant. Il n'a jamais connu, lui dis - je hier, le prix du cœur qu'il a cruellement insulté.

Ah Belford, Belford ! Comment se fait-il qu'il y ait des momens où mon propre cœur se déclare contre moi ! Ce traître de Tomlinson avoit deviné trop juste, en croiant faire une fausse peinture de mon attendrissement. Je me suis senti porté tout d'un coup à lui demander pardon. Je lui ai promis que l'étude de toute ma vie seroit de le meriter. Mes fautes, lui ai-je dit, de quelque nature qu'elles fussent, n'avoient eu de réalité que dans ses craintes. Je l'ai suppliée de consentir à l'expédient que j'avois proposé. Le Capitaine a secondé mes efforts, & nous les avons renouvellés ensemble, pour le bonheur commun, pour l'intérêt des deux familles, pour éviter à l'avenir toutes sortes de désastres.

Elle a pleuré. Elle a chancellé dans ses résolutions : elle a détourné la tête. J'ai parlé de la lettre de Milord M ... je l'ai priée d'abandonner tous nos différens à la médiation de Milady Lawrance, s'il lui étoit impossible de me pardonner avant que de l'avoir vûe.

Elle s'est tournée vers moi. Elle alloit parler ; mais son cœur étoit plein. Elle a détourné encore une fois le visage : & le tenant à demi vers moi, son mouchoir aux yeux ; » & croiez-vous veritable-

» ment, m'a-t'elle dit, que votre tante
» & votre cousine doivent venir ?
» Croiez-vous .... Elle s'est encore ar-
» rêtée.

J'ai répondu dans les termes les plus
solemnels.

Elle a détourné entiérement le visage.
Elle a paru méditer quelques momens.
Mais, Belford, (qu'il est difficile aux
Harloves de pardonner !) se tournant
encore vers moi, & prenant le ton de la
colère ; » Que Milady vienne ou non,
» m'a-t'elle dit, je ne puis souhaiter de
» la voir, & si son dessein est de plaider
» pour vous, je ne puis souhaiter de
» l'entendre. Plus j'y pense, moins je
» me sens disposée à pardonner une in-
» sulte méditée pour ma *ruine*. (En sup-
» posant qu'elle ait raison, Belford,
» l'expression est assez juste). Par où
» ma conduite avoit elle merité des ou-
» trages de cette nature ? Le pardon
» seroit une foiblesse. Je suis avilie à
» mes propres yeux. Comment rece-
» vrois je une visite qui m'humilieroit
» encore plus ?

Le Capitaine l'a pressée avec plus de
chaleur que jamais. Nous avons poussé
les instances jusqu'aux cris, pour demander grace & miséricorde. (N'as - tu jamais entendu de bonnes ames, qui

parlent d'emporter le ciel d'assaut) ? Les *actes de contrition* ont été repetés, la réformation totale ouvertement promise, l'heureux expédient représenté avec une nouvelle force.

Clar. Mes mesures sont prises. Je suis trop avancée pour reculer. Mon ame est préparée à l'infortune. Je n'ai pas merité les maux qui m'assiegent ; c'est m'a consolation. J'ai marqué mes intentions à Miss Howe. Mon cœur est revolté contre vous, M. Lovelace. Je ne vous aurois pas écrit dans les termes de ma derniére lettre, si je n'avois pas été resolue de renoncer à vous, quelque sort qui puisse m'attendre.

(J'ai repris ici toutes mes espérances. Malgré la dureté de ses expressions, j'ai vû qu'elle craignoit l'impression qui pouvoit me rester de sa lettre. En effet, cette lettre est la violence même. Apprens, Belford, par cet exemple, qu'on ne doit jamais rien écrire de serieux dans la colère).

Lovel. La rigueur que vous m'avez marquée, Madame, & de bouche & par écrit, ne sera jamais rappellée que pour vous en faire honneur. Dans le jour où vous avez pris les choses, elle étoit juste, & l'effet d'un vertueux ressentiment. J'adore jusqu'aux tourmens que vous m'avez caufés.

Elle eft demeurée fans répondre. Elle étoit affez occupée de l'exercice que fes yeux donnoient à fon mouchoir.

Lovel. Vous vous plaignez quelquefois de n'avoir pas une amie de votre fexe à confulter. J'avoue que Mifs Rawlings n'eft pas une fille à qui vous puiffiez prendre confiance. Je juge bien de fes intentions ; mais elle eft d'une curiofité extrême, & j'ai r marqué toute ma vie, qu'il y a peu de fond à faire fur une perfonne qui cherche fi fort à pénétrer les fecrets d'autrui. (Es-tu content de mon adreffe, Belford ? Je n'aurois pas aimé, comme tu crois, fes appels à Mifs Rawlings). Les perfonnes de ce caractère, ai-je ajoûté, font gouvernées par leur orgueil, qui n'eft fati fait qu'après avoir communiqué un fecret à l'oreille jufqu'à ce qu'il devienne public, pour fe faire honneur de leur importance ou de leur pénétration. Mais vous pouvez vous fier aux Dames de ma famille. Toute leur ambition eft de vous en voir au nombre. Continuez feulement, pour feconder l'expédient de votre oncle & pour éloigner toutes fortes de défaftres, à paffer quelque tems pour mariée. Milady Lawrance faur faura la vérité nue. Vous pourrez l'accompagner dans fa terre, comme e le fe flatte de vous y trouver difpofée : & s'il le faut, regardez-moi comme un homme qui a befoin d'être éprouvé, que vous rejetterez ou que vous daignerez recevoir, comme vous m'en reconnoîtrez digne.

Le Capitaine a porté encore une fois la main à fa poitrine, en déclarant, fur fon honneur, que dans le cas de fa propre fille, & fuppofé qu'elle ne fe déterminât pas immédiatement pour le mariage, ce qui lui paroîtroit encore à préferer, il auroit un veritable chagrin qu'elle refufât une propofition de cette nature.

Clar. Si j'étois dans la famille de M. Lovelace, avec le nom de fa femme aux yeux du public, je ne ferois plus libre dans mon choix : & quelle chimère que cet état d'épreuve ! Ah ! M Tomlinfon, vous êtes trop de fes amis, pour pénétrer toutes fes vûes.

Le Capit. De fes amis, Madame, comme je vous l'ai deja dit ; pour votre propre intérêt, pour celui de votre oncle, & pour celui d'une réconciliation générale, qui doit commencer entre - vous par une meilleure intelligence.

Lovel. Promettez seulement, mon cher amour, d'attendre l'arrivée & la visite de ma tante. Elle sera notre arbitre.

Le Capit. Cette proposition est très innocente. Il ne peut en arriver aucun mal. Si l'offense de M. Lovelace est d'une nature, qui paroisse indigne de grace au jugement d'une Dame de ce caractère, alors, pour moi.....

Clar. (L'interrompant, & s'adressant à moi) ; si vous ne m'assiegez pas dans ma chambre, Monsieur, si je suis aussi libre que je dois l'être, mon dessein est de m'arrêter dans cette honnête maison, jusqu'à l'arrivée d'une lettre que j'attens de Miss Howe. Elle ne sauroit tarder plus d'un jour ou deux. Dans cet intervalle, si les Dames arrivent, & si leur dessein est de voir la personne que vous avez rendue malheureuse, je saurai si je puis recevoir leur visite.

Elle a tourné sur le champ vers la porte; & sortant sans ajoûter un seul mot, elle est remontée à son appartement.

Ah! Monsieur, m'a dit le Capitaine, aussi tôt qu'il s'est vû seul avec moi, quel Ange que cette femme! J'ai été, & je suis un fort méchant homme. Mais s'il arrivoit quelque mal, par ma faute, à cette admirable perſonne, je me le reprocherois plus que toutes les mauvaiſes aĉtions de ma vie jointes enſemble.

Quelque mal? infame que tu es. Et quel mal peut-il arriver? Sommes nous obligés de regler nos idées par les principes romaneſques d'une fille, qui regarde comme le plus grand de tous les maux celui qui nous paroît le plus leger? Ne t'ai-je pas fait le récit de toute notre hiſtoire? N'a-t'elle pas violé ſa promeſſe? Ne l'ai-je pas généreuſement épargnée, lorſqu'elle étoit en mon pouvoir? Jamais Amant, dans les mêmes circonſtances, n'a marqué plus d'empire ſur ſa paſſion; & tu vois néanmoins quelles ſont mes recompenſes.

Ici, Belford, ce Miſérable a voulu jouer ton pauvre rolle, & n'a pas été plus heureux que toi. Ses argumens n'ont ſervi qu'à me confirmer dans les réſolutions qu'il vouloit combattre. S'il m'avoit laiſſé à moi-même, à la tendreſſe naturelle de mon caraĉtère, ému comme je l'étois lorſque la belle s'eſt retirée; s'il s'étoit aſſis, continuant ſes odieuſes grimaces, & qu'il eût pris le parti de ſe taire, il eſt très-poſſible que j'euſſe pris vis-à-vis de lui la chaiſe qu'elle venoit de quitter, & que j'euſſe paſſé une demie heure entiére à pleurer avec lui. Mais entreprendre de convaincre un homme qui fait dans fon cœur qu'il a tort! Il devoit juger que c'étoit me mettre dans la néceffité de chercher ce que je pouvois dire en ma faveur : & lorfque la componction paffe du cœur aux levres, il faut qu'elle s'évapore en paroles.

Je me doute qu'à fa place, tu m'aurois fait le même fermon. Ainfi ce que je lui ai repondu peut fuffire pour toi, & doit t'épargner la peine de m'écrire, ou à moi celle de lire un tas de nouvelles impertinences.

Le Capit. Vous m'aviez dit, Monfieur, que votre unique vûe étoit de mettre fa vertu à l'épreuve, & que vous étiez perfuadé que votre mariage n'étoit pas éloigné.

Lovel. Je l'épouferai affurement ; il en faudra venir là. Je ne doute nullement que je ne l'époufe. Mais, fi tu parles d'époufer , n'eft elle pas actuellement au plus haut point de l'épreuve ? Son reffentiment n'eft il pas prêt à fe relâcher, pour une entreprife qu'elle a crue indigne de pardon ? Et s'il fe relâche, ne fera-t'elle pas capable de me pardonner auffi la derniére offenfe ? Peut-elle, en un mot, fe reffentir plus vivement qu'elle n'a fait dans cette occasion ? Les femmes gardent souvent le secret pour leur honneur ; au lieu qu'elles affectent de troubler les Dieux & les hommes par leurs plaintes, après une entreprise qui n'a pas réussi. C'est ma folie, ma foiblesse, d'avoir donné lieu à des violences si peu menagées.

Le Capit. Ah ! Monsieur, vous ne reduirez jamais cette vertueuse personne, sans y employer la force.

Lovel. Eh bien, pauvre esprit, ne dois-je pas chercher le tems & le lieu ?

Le Capit. Pardon, Monsieur ; mais pouvez-vous penser à vaincre, par la force, une fille de cet admirable caractère ?

Lovel. A la verité, l'idée de la force me fait horreur. Pourquoi te figures tu que j'aie pris tant de peine, & que j'aie engagé tant de personnes dans ma cause, si ce n'est pour éviter la necessité d'employer ce que tu nommes la force ? Cependant peux-tu croire aussi que j'attende un consentement ouvert, d'une esclave de la bienseance & des formalités ? Ami *Donald* (*), je t'apprens que ton Maître Belford a defendu le parti que tu embrasses, avec autant de force que tu en puisses mettre dans tes raisons.

[*] Nom de baptéme du prétendu Capitaine.

Ai-je donc la conscience de tous les sots à tranquilliser avec la mienne ? Sur mon ame, Capitaine, elle a ici (en me frappant la poitrine) un ami qui plaide pour elle avec plus de chaleur & d'éloquence qu'elle n'en peut attendre de tous les autres hommes. N'est elle pas échappée d'entre mes mains ? Et qu'avois-je fait encore pour l'exécution de mon premier dessein , qui étoit de mettre sa vertu à l'épreuve , & dans la sienne , celle des plus vertueuses de son sexe ? Toi, foible cerveau , tu voudrois me faire abandonner un projet, qui ne peut tourner qu'à la gloire de ce beau sexe , dont nous sommes tous idolâtres !

Le Capit. (d'un air encore plus triste) Ainsi , Monsieur, vous ne pensez nullement au mariage.

Lovel. J'y pense, pauvre imbecille ; mais laisse moi reduire auparavant son orgueil , pour satisfaire le mien. Laisse moi voir si je suis assez aimé , pour obtenir grace en faveur de moi-même. N'a-t'elle pas regreté jusqu'à présent de n'être pas demeurée chez son pere , quoique la consequence infaillible pour elle eût été de se voir la femme de l'odieux Solmes ? Si je la fais consentir aujourd'hui à devenir la mienne , ne vois-tu pas que

j'en ferai moins redevable à fon amour,
qu'au defir de fe réconcilier avec une famille que je detefte? Et fa vertu, &
fon amour, demandent également la
dernière épreuve. Mais fi fa réfiftance &
fa douleur repondent aux apparences ;
fi j'apperçois, dans fon reffentiment,
moins de haine pour moi que pour ma
faute, elle fera ma femme alors, aux
conditions qu'il lui plaira de m'impofer.
Alors, je l'époufe ; malgré toute l'averfion que j'ai pour le mariage.

Le Capit. Hébien, Monfieur, je fuis
un morceau de cire entre vos mains,
prêt à recevoir la forme que vous jugerez
neceffaire à vos étranges vûes. Mais,
comme j'ai pris la liberté de vous le dire...

Lovel. Laiffe ce que tu m'as dit. **Je**
m'en fouviens, & je fais tout ce que **tu**
peux dire encore. Tu cherches, comme
Pilate, à te laver les mains. Ne te con-
nois-je pas ? Mais il eft trop tard pour
confulter ton hipocrifie. Toutes nos machines ne font-elles pas difpofées ? Seche
tes ridicules pleurs. Reprens ton **air**
majeftueux : tu as fait des merveilles.
Ne te démens pas ; la recompenfe t'attend. Et lui frappant fur l'épaule : **va**,
je te répons de l'évenement.

Il m'a fait une revérence muette, qui

m'a répondu de son consentement & de son zèle. Ensuite s'approchant du miroir, il a composé son visage ; il a redressé sa perruque, comme si l'agitation de son cœur s'étoit communiquée jusqu'à sa tête ; & j'ai reconnu encore une fois le vieux *satan* sous sa veritable forme.

Mais aurois-tu pensé, Belford, qu'il y eût tant . . . . de quoi dirai-je, dans un homme tel que ce Donald Patrick? Lui aurois tu crû des entrailles ? Comment la nature, après avoir été si long-tems morte & ensevelie dans un cœur de cette espéce, revit elle jusqu'à s'y faire sentir avec cet ascendant ? Mais pourquoi te fais-je cette question, à toi qui ne m'as pas moins surpris dans la même occasion, par tes bizarres sensibilités ?

A l'égard de ce Tomlinson, il paroît que la pauvreté en a fait le mechant homme qu'il est, comme l'abondance nous a faits ce que nous sommes. Ce n'est pas le justifier ; car la necessité, après tout, est l'épreuve des principes. Mais qu'y a-t'il donc, dans ce mot assez plat, ou, si tu veux dans cette *chose* à laquelle on donne le nom d'*Honêteté*, qui fait que moi-même, lorsqu'assurément elle ne peut servir à mes vûes présentes, je ne

puis me defendre d'en trouver les moindres émanations aimables, dans un Tomlinſon, & de prendre une meilleure opinion de lui, depuis que je l'en ai reconnu
capable ?

___

LETTRE CCXXX.

Monſieur LOVELACE, au même.

A Peine avois je fini avec Tomlín-
ſon, que les femmes, conduites
par Miſs Rawlings, ſe ſont préſentées à
la porte ; dans l'eſperance, m'ont elles
dit, de ne pas bleſſer la diſcretion, mais
fort curieuſes, à confeſſé Miſs Rawlings,
de ſavoir s'il y avoit quelque apparence
d'accommodement.

Ah! je commence à m'en flatter, leur ai-
je répondu. Vous ſavez, Meſdames, que
votre ſexe aime les formalités. Il faut faire
ſa cour aux femmes, pour les faire conſentir à leur propre bonheur. Nous avons
imaginé un expédient fort heureux. L'oncle a ſes doutes ſur notre mariage. Il a
peine, & tout le monde en auroit comme lui, à ſe perſuader que l'homme
étant ſi amoureux, la femme ſi aimable......   G v

Elles ont faifi toutes trois ma penfée.
Le cas eft en effet des plus extraordinaires, ont dit les deux veuves. Je t'ai deja
fait obferver, Belford, que les femmes
ont une haute idée de ce qu'elles peuvent
faire pour nous. Mifs Rawlings, faifant connoître d'un regard que je n'a-
vois pas befoin d'achever ma phrafe,
m'a prié de paffer à l'expédient. Je leur
ai demandé en grace de ne pas dire à ma
femme qu'elles l'euffent appris de moi.
Elles me l'ont promis.

C'eft, ai-je repris, que pour obliger
& pour fatisfaire M. Harlove, la cérémonie foit recommencée ; qu'il y foit
préfent, & que je reçoive fa niéce de
fes propres mains. Elle s'eft retirée pour
faire la-deffus fes reflexions.

Tu vois, Belford, que je me fuis
préparé une excufe, pour mettre ma
fincérité à couvert dans cette maifon, fi
ma Charmante fe laiffoit engager au
mariage & fouhaitoit que Mifs Rawlings fût préfente à la cérémonie. Les
femmes ont applaudi à cet expédient.
C'eft encore un foible de ce beau fexe,
d'aimer à fe marier deux fois ; quoiqu'à
la verité ce ne foit pas avec le même
homme. Elles ont beni le Capitaine,
qu'elles ont regardé comme l'auteur

d'une si charmante ouverture ; tandis que d'un air de triomphe, il a protesté qu'il se croiroit trop heureux de pouvoir servir d'instrument à la réconciliation générale. Mais il étoit tems, nous a t'il dit, qu'il reprît le chemin de Londres, où il avoit une multitude d'affaires à disposer pour demain. Il ne pouvoit même nous promettre de revenir à Hamstead, avant que de retourner à sa terre.

Mon dessein n'étoit pas qu'il nous quittât cette nuit, c'est à dire dans un tems où l'affaire touchoit à sa crise : cependant j'ai feint d'entrer dans ses vûes, & j'ai prié Madame More de monter, pour faire à ma femme les complimens du Capitaine, & lui offrir ses services auprès de son oncle. En même tems, j'ai fait entendre aux femmes, que si quelque heureux mouvement la portoit à descendre, il étoit à propos qu'elles se retirassent, pour lui laisser la liberté de s'expliquer sur la proposition dont elle étoit occupée. La bonne More est venue nous assurer que Madame alloit la suivre. Elles sont sorties toutes trois, & ma Charmante est entrée.

Le Capitaine, après lui avoir repété ce qu'elle avoit entendu de Madame More, lui a demandé ses ordres sur le rapport qu'il devoit faire à M. Jules Harlove. Je ne fais, Monfieur, lui a-t'elle dit, ni ce que je dois vous répondre, ni ce que vous devez rapporter à mon oncle. Si vos affaires pouvoient vous arrêter à Londres, peut-être ne feroit-il pas befoin que vous viffiez mon oncle avant que j'aie reçu des nouvelles de Mifs Howe, avant que Mylady Lavrance..... Je ne fais en verité ce que je dois vous repondre.

Ici, Belford, je l'ai conjurée de
» m'accorder le retour de cette eftime,
» dont elle avoit eu la générofité d'a-
» vouer qu'elle s'éroit fentie prévenue
» pour moi. Je me flattois, lui ai-je
» dit, que Mylady Lawrance la fup-
» pliant au nom de toute ma famille,
» & lui garantiffant ma conduite, ob-
» tiendroit grace en ma faveur : mais
» quelle obligation n'aurois-je pas à fa
» générofité, fi je pouvois ne tenir ce
» bonheur que d'elle - même ! combien
» ne feroit-il pas plus agréable auffi
» pour elle, que fa prémiere connoif-
» fance avec mes proches, ne com-
» mençat point par des plaintes & des
» appels ? Ma tante devant arriver in-
» ceffament, il n'étoit pas impoffible
» que leur entre-vûe ne fe fit de part &

» d'autre avec un visage serein ; que
» notre mésintelligence ne passat pour
» une bagatelle ; pour un mal-entendu
» heureusement éclairci . . . . .

Elle m'écoutoit, mais le visage à demi
tourné, & portant souvent son mouchoir
à ses yeux. J'ai redoublé tout d'un coup
l'ardeur de mes expressions ; & pour les
seconder par celle de mon transport, je
me suis jetté à genoux devant elle, les
mains jointes, versant des larmes ; oui,
Belford, des larmes, & si chaudes
qu'elles me brûloient les joues. Le Capitaine a pris le moment où l'haleine a
semblé me manquer, pour revenir à la
charge, avec toutes les armes qu'il a pû
tirer de l'attente & des espérances de
son oncle. Enfin, mettant lui-même un
genoux à terre ; » Très-chere Madame,
» lui a-t'il dit, permettez que je prenne
» aussi cette posture devant vous.
» Quoique je n'aie point d'autre inté-
» ret dans mes instances, que le plaisir
» de pouvoir vous être utile à tous,
» permettez que je vous demande à
» genoux l'occasion d'assurer votre oncle,
» que j'ai vû l'heureux lien formé de-
» vant mes propres yeux. Tous les su-
» jets de plainte, les doutes, les dé-
» fiances s'évanouiront tout d'un coup.

Et que peuvent, Madame, ai-je interrompû, que peuvent vous faire espérer vos nouvelles mesures, qui reponde plus heureusement, plus honorablement à toutes les difficultés ?

Et Miss Howe même, a repris le Capitaine, Miss Howe, si votre bonheur & votre réputation lui sont cheres, ne vous felicitera-t'elle pas d'une si agréable conclusion ?

Elle s'est tournée ici vers nous; & voiant en effet le Capitaine à ses pieds! O Monsieur! ô Capitaine Tomlinson! s'est-elle écriée, en allongeant le bras jusqu'à son épaule pour le relever; pourquoi cette extrême bonté ?... voilà ce que je ne puis soûtenir. Ensuite, jettant un regard sur moi ; levez-vous, levez-vous M. Lovelace. Ne vous humiliez pas devant une malheureuse fille que vous avez insultée.... » Non, non » mon très-cher amour, je ne quitte » pas cette posture que vous n'ayez » prononcé mon pardon.

Nous nous sommes levés néanmoins, par soumission pour un second ordre. Je n'ai pas douté que ma grace ne fut renfermée dans ses derniers termes, & j'ai excité le Capitaine des yeux & des mains. Qui empêche, Madame, à-t'il repris avec une nouvelle chaleur, que Mylady Lawrance ne foit informée du fond des circonſtances, au moment de ſon arrivée, & qu'elle n'aſſiſte à la célébration? Je demeurerai moi-même, j'abandonnerai toutes mes affaires, pour être témoin de ce doux évenement; & c'eſt alors que je partirai content, avec une nouvelle qui rendra la vie à mon cher ami M. Jules.

Il faut que je reçoive une lettre de Miſs Howe, a répondu mon adorable Clariſſe, d'une voix un peu tremblante. Je ne puis rien changer à mes nouvelles meſures, ſans ſon avis. Tout le bonheur du monde ne vaut pas pour moi ſon eſtime; & je le ſacrifierois à la crainte de paſſer à ſes yeux pour une inconſtante ou pour une étourdie. Ce que je puis dire à préſent, c'eſt qu'après avoir reçu ſa reponſe, je lui expliquerai l'état des choſes dans une autre lettre.

Je dois donc renoncer à toute eſpérance, me ſuis-je écrié! O Capitaine Tomlinſon! Miſs Howe me hait. Miſs Howe . . . . . .

Le Capitaine s'eſt efforcé de me raſſurer. Miſs Howe, m'a-t'il dit, prendra d'autres ſentimens pour vous. Elle ſera informée de votre repentir. Avec de si belles apparences de reconciliation, elle ne conseillera jamais à sa chere amie de tromper l'espoir de tant de personnes respectables, dans les deux familles. On aura besoin , comme Madame l'a fait entendre elle même , de quelque tems pour examiner & pour signer les articles. La reponse de Miss Howe sera venue dans l'intervalle. L'arrivée de Mylady Lawrance achevera de dissiper les doutes de Madame , & ne manquera point d'avancer le jour. Mon étude sera de tranquilliser M. Jules. Si le retardement me laisse quelque crainte, c'est du côté de M. James Harlove : ce qui montre la nécessité de se conduire avec beaucoup de prudence & de secret... comme votre oncle , Madame , l'a toûjours recommandé.

Elle gardoit le silence. J'en ai ressenti de la joie. La chere personne , pensois-je en moi-même , m'a pardonné actuellement au fond de son cœur. Mais pourquoi ne veut-elle pas s'en faire un merite, en me le déclarant avec une généreuse franchise ? Cependant , comme cette déclaration n'avanceroit rien , pendant que la permission ecclesiastique n'est pas entre mes mains ; je dois la trouver moins blâmable de prendre un peu plus de tems pour revenir.

J'ai propofé de me rendre à Londres demain au foir, avec l'efpérance d'en apporter la permiffion Lundi matin. Mais je l'ai priée de me promettre qu'elle ne quitteroit pas la maifon de Madame More jufqu'à mon retour. Elle a rep té qu'elle d meureroit chez Madame More, jufqu'à ce qu'elle eût reçu la réponfe de Mifs Howe. Je lui ai dit que je me flatois du moins de fon confentement tacite, pour obtenir la permiffion. Sa contenance m'a fait juger, que je n'aurois pas dû lui faire cette queftion L oin d'un confentement tacite, elle a déclaré qu'elle n'y prenoit aucune part.

Comme je ne penfois pas, ai je dit, à lui propofer jamais de retourner dans la Maifon qu'elle avoit quittée & qu'elle avoit prife en averfion, vouloit - elle donner des ordres pour fe faire apporter fes habits à Hamftead ; ou fouhaitoit-elle de faire venir Dorcas, pour la charger de fes ordres ?

De fa vie, a-t'elle répondu, elle ne vouloit voir perfonne qui appartint à cette Maifon. Peut-être prieroit elle Madame More, ou Madame Bevis, d'y aller pour elle avec fes clés.

Je ne doutois pas, ai je repris, que Mylady Lawrance n'arrivât dans l'inter-

valle. J'espérois qu'il me feroit permis
d'amener, à mon retour, cette Dame &
ma coufine Montaigu.

Elle n'a fait aucune réponse.

Affurément, Monfieur Lovelace,
m'a dit le Capitaine, Madame ne peut
condamner ce deffein.

Son filence a continué. Je l'ai pris pour
un confentement.

Voulour elle bien fe fouvenir d'écrire à
Mifs Howe,.....

Monfieur, Monfieur, a t'elle interrompu d'un air impatient, finiffez les
queftions. Je n'ai point de loix à recevoir. Vous exécuterez vos volontés, &
moi les miennes. M. Tomlinfon, votre
fervante. Recommandez-moi, je vous
prie, à la bonté de mon oncle. Elle fe
retiroit. J'ai pris fa main malgré elle;
& je lui ai demandé, pour unique grace,
la permiffion de la voir demain matin.
›› Me voir ? & dans quelle intention ?
›› Vous refte-t'il quelque chofe à dire ?
›› Je n'ai entendu de vous que trop de
›› fermens & de proteftations, M. Lo-
›› velace. Pourquoi me voir ? J'ai repété ma demande, dans les termes les
plus ardens, & je lui ai nommé fept
heures du matin. ›› Vous favez, m'a-t'elle
›› dit, que dans cette faifon je fuis levée

» de fort bonne heure. C'est le demi-consentement que j'ai arraché. Elle s'est recommandée encore une fois à la faveur de son oncle ; & nous quittant, elle est remontée aussitôt.

Ainsi, Belford, *elle a rendu son marché plus avantageux*, diroit Milord M...., & le mien l'est devenu beaucoup moins. La premiere lettre de Miss Howe est à présent le gond sur lequel le destin de l'un & de l'autre doit tourner. Je suis perdu, si je ne trouve pas le moien de l'intercepter.

LETTRE CCXXXI.

M. LOVELACE, à *M. BELFORD.*

Samedi, à minuit.

NUl *repos pour les méchans*, dit un texte sur lequel je me souviens d'avoir entendu prêcher. Il m'est impossible de fermer les yeux, quoique je n'aie cherché qu'à me procurer une heure de sommeil dans un fauteuil. Ainsi je n'ai que ma plume pour ressource.

J'ai congedié le Capitaine, après un

nouveau débat avec lui fur le fort de ma Charmante. Comme il a la tête excel- lente, & qu'il auroit fait une figure dif- tinguée dans toutes fortes d'états, s'il ne s'étoit perdu de bonne heure par une lâ- cheté dans laquelle il fut furpris, il m'a caufé d'autant plus d'embaras qu'il avoit la raifon de fon côté. A la fin', il m'a conduit à lui promettre que fi je puis ob- tenir de la Belle un pardon généreux, je me dégagerai le plus heureufement qu'il me fera poffible de mes inventions, à la referve du voiage de ma tante & de Charlotte, qui doit avoir fon effet; & qu'alors, le faifant paffer pour le député de l'oncle Jules, je plierai le cou de bonne grace fous le joug du mariage.

Cependant, Belford, fi je lui tiens parole, avec la plus grande averfion qu'on ait jamais eue pour cet état, qu'elle figure ferai-je dans les annales des libertins? Il fera donc vrai, que j'aurai pris inutilement tant de peine; ou que, pour unique fruit, je me trou- verai le feigneur d'une femme, que j'aurois pû obtenir avec moins de diffi- culté & beaucoup plus d'honneur: d'une femme excellente à la vérité; mais y en a-t'il une que je ne puiffe rendre bonne, moi qui ai le double talent de me faire raindre & de me faire aimer ? D'ailleurs n'as tu pas vû que cette fille hautaine ne fait pas ce que c'eſt que pardonner de bonne grace ? Eſt-il vrai même qu'elle m'ait pardonné ? Et ne me tient elle pas en ſuſpens, avec une rigueur dont je ſuis perſuadé qu'elle ſouffre la premiere ?

Dans ce moment de ſilence, je fais réflexion que ſi je reprenois mon ſiſtême, & la réſolution d'éprouver ſi je ne puis pas faire ſervir une plus grande faute à lui en faire oublier une petite, en remettant enſuite à trouver les moiens de me faire pardonner la derniére, je pourrois facilèment *me juſtifier à mon propre tribunal :* & ſuivant les maximes de la belle Implacable, c'eſt l'eſſentiel, c'eſt avoir tout obtenu.

Quoique l'état de la queſtion n'ait pas beaucoup varié, mon deſſein, dans toutes mes réflexions, eſt de ne pas me repêter, ou du moins de ne pas m'arrêter trop ſur les points que je crois avoir deja traîtés. Ainſi je voudrois que tu priſſes la peine de relire mes anciens raiſonnemens, ſur tout, ceux par leſquels j'ai pleinement répondu à tes derniéres abſurdités. Joins y ceux que tu vas lire, à meſure qu'ils tomberont de ma plume : & je me croirai invincible, du moins dans une difpute de libertin à libertin.

Je fuppofe que la conquête de cette Beauté eft effentielle à mon bonheur. N'eft-il pas naturel, pour tous les hommes, d'afpirer à la poffeffion de ce qui peut les rendre heureux, quelque idée qu'aient les autres de l'objet de leurs defirs ?

A l'égard des moiens de l'obtenir, par de faux fermens & des vœux frivoles, les Poëtes ne nous apprennent-ils pas, depuis deux mille ans, *que Jupiter rit des parjures d'un Amant ?*

Repons, fi tu peux, à deux ou trois queftions. Les meres, les tantes, les grand-meres, les gouvernantes, ceffent-elles, depuis le berceau, de précher à leurs jeunes innocentes, que les hommes font des trompeurs, & qu'il n'ont aucun égard à leurs plus faintes promeffes ? Quelle opinion faudroit-il prendre de la bonne foi de toutes ces reverendes matrones, fi de tems en tems leurs prédications n'étoient vérifiées par l'exemple de quelque petite folle, qui fert de preuve à cette doctrine pour l'utilité des autres ?

Ne m'avoueras-tu pas que plus une jeune *péchereffe* eft diftinguée par les graces de fa perfonne & par les avantages du merite & de la fortune, plus l'exemple a d'éclat & de force ?

Ces demandes une fois accordées, dis
moi, je te prie, si par tous ces avantages, ce sexe a quelque chose d'égal à ma
charmante ? Dis moi par conséquen
quelle femme est plus propre pour l'e-
emple ? Au pis aller, j'aurai pensé,
avec mon ami *Mandeville* (*) , *que
les vices particuliers font un bien pour le
public.*

Quelle est donc la conclusion ? C'est
que si la chute de cette chere fille doit
être utile à toutes les jolies folles de son
sexe, elle doit tomber. Ainsi la dispute
me paroît finie. Et que trouveroit-on
le si rare dans l'avanture, si l'on excepte
la longueur du tems que j'y emploie ?
Qu'il ne soit donc plus question de rai-
sonnemens & de discussion sur un point si
clair. Je t'impose là-dessus un silence éternel dans tes lettres.

(*) Auteur connu.

LETTRE CCXXXII.

M. LOVELACE, au même.

Dimanche 21 de Juin, à 4 heures du matin.

QUelques mots sur la nouvelle que tu me donnas, hier au soir, du départ de ton malade; & je quitte aussi-tôt mon fauteuil, je me secoue, je me rafraichis, je renouvelle ma parure, & je vole aux pieds de ma Charmante, que j'espère engager, malgré toutes ses reserves, à faire un tour de promenade avec moi sur la colline, pour gouter la fraîcheur d'une si belle matinée. Les oiseaux doivent deja l'avoir éveillée. J'entens leurs concerts. Elle fait gloire de s'être accoûtumée à voir lever le soleil, qu'elle appelle le plus beau spectacle de la nature.

Mais il me semble que cette préface est bien gaie, pour le sujet sombre auquel je reviens. Ma joie est extréme de voir enfin tes espérances remplies par la mort du vieillard. Ton laquais ne laisse pas de me dire que tu en es fort affligé.

Je

Je m'imagine en effet que tu dois avoir l'air assez triste, c'est-à-dire, harassé, d'avoir passé tant de jours & de nuits près d'une mourant, pour attendre sa derniere heure ; obligé, par décence, de t'attendrir sur ses maux ; de répondre à cent questions impertinentes, sur la santé d'un homme que tu souhaitois de voir mort ; de prier à son côté, car je me souviens que tu me l'as écrit ; de lire près de lui ; de te joindre en consultation avec un tas de graves Docteurs, d'officieux Apotiquaires, & de Chirurgiens carnassiers, tous réunis pour jouer leur farce, c'est-à-dire, pour emporter des lambeaux de sa chair & de son bien ; troublé d'ailleurs par la crainte de voir passer une partie de sa succession à d'autres parens avides, qui l'ont obsedé avant toi, & qui peuvent avoir influé sur son testament : au milieu de ces circonstances, je ne suis pas surpris que tu paroisses aussi consterné que s'il t'étoit arrivé quelque malheur considérable ; sur tout aux yeux des domestiques, qui ne sont pas plus affligés que toi dans leur cœur, & qui attendent un leg aussi impatiemment que tu desires un heritage.

J'ai souvent pensé aussi, qu'à la vûe d'un objet aussi mortifiant que la mort d'un homme avec qui l'on a vêcu, & que les douleurs & les grimaces dont elle est accompagnée, il est difficile de ne pas faire reflexion qu'on se trouvera quelque jour dans le même cas ; ce qui suffit pour repandre du moins sur le visage une apparence de tristesse. Cette raison explique fort bien l'air sincére des veuves, des héritiers, & des légataires de toutes les espéces, dans leurs regrets & leurs gemissemens passagers ; puis qu'avec un peu d'effort pour renfermer leur joie dans leur cœur, ces intéressantes reflexions doivent rendre leur contenance triste, & leur faire joindre assez naturellement le masque de la douleur à celui d'un habit noir & des ornemens lugubres.

Mais enfin, à présent que tu es parvenu à la recompense de tes veilles, de tes inquiétudes, & de tes soins empressés, apprens moi de quoi il est question, & s'il te revient, pour ta peine, une compensation qui reponde à ton attente ?

Pour moi, tu dois voir, à la gravité de mon stile, combien le sujet m'attriste. Cependant la nécessité où je suis de me déterminer promptement entre le viol & le mariage n'a pas laissé de changer quelque chose à ma gaieté naturelle, & contribue plus que ton accident à me faire partager ta joieuse tristesse. Adieu Belford. Nous serons bientôt hors de peine, ma Clarisse & moi ; car il n'y a plus rien à se promettre du délai.

LETTRE CCXXXII.

Monsieur LOVELACE au même.

Samedi matin.

J'Ai eu l'honneur de passer deux heures entiéres dans la delicièuse comagnie de ma Charmante. Elle a souffert que je lui aie rendu ma visite à six heures, dans le jardin de Madame Moore. La promenade sur la colline m'a été refusée.

Sa contenance tranquille, & la comlaisance qu'elle a eue de me souffrir, ont elevé mes espérances. Je lui ai remis devant les yeux, avec beaucoup de force, toutes les raisons que le Capitaine thier valoir en ma faveur ; & j'ai ajoûté u'il étoit parti dans l'espoir d'engager . Jules Harlove à venir en personne, our me faire de sa main le plus celeste résent qu'un mortel puisse recevoir. ependant je n'ai pû obtenir qu'une nou-

velle promeſſe, d'attendre la reponſe de
Miſs Howe pour prendre ſes reſolutions,

Je ne te repeterai pas les argumens que
j'ai emploiés. Mais, il faut, pour ton inſ-
truction, que je te communique une
partie de ſes reponſes.

Elle avoit tout conſidéré, m'a-t'elle
dit. Toute ma conduite étoit préſente
à ſes yeux. La maiſon, où je l'avois lo-
gée, ne pouvoit être une maiſon d'honneur. Les gens qui l'habitoient s'étoient
fait aſſez-tôt connoître, en s'efforçant de
lui faire partager ſon lit avec Miſs Par-
tington; & de concert avec moi, comme
elle n'en doutoit pas. (Surement, ai-je
penſé, elle n'a pas reçu le double du
charitable avis de ſa Miſs Howe). Ils
avoient entendu ſes cris. Elle ne pouvoit
douter que mon inſulte n'eût été préméditée. Elle en trouvoit la preuve dans
le ſouvenir de tout ce qui l'avoit préce-
dée. J'avois eu les plus lâches intentions;
ce point n'étoit pas douteux pour elle;
& l'outrage que je lui avois fait, portoit
ſa certitude à l'évidence.

Cette divine fille eſt toute ame, Belford.
Elle paroît avoir ſenti des libertés, auxquelles l'excès de ma paſſion m'a rendu
moi-même inſenſible.

Elle m'a conſeillé de renoncer pou

jamais à elle. Quelquefois, m'a-t'elle dit, elle croioit avoir été cruellement traitée par ses plus proches & ses plus chers parens. Dans ces instans, elle avoit peine a se defendre d'une sorte de ressentiment ; & la reconciliation, qui faisoit dans d'autres tems l'objet de tous ses vœux, étoit moins le desir favori de son cœur, qu'un sistême dont elle s'étoit autrefois entretenue ; c'étoit de prendre sa bonne Norton pour guide de sa conduite, & de vivre dans sa Terre, suivant l'intention de son grand-pere. Elle ne doutoit pas que son cousin Morden, qui étoit un de ses Curateurs pour cette succession, ne la mit en état de s'y établir sans le secours des Loix. S'il le peut & s'il le fait, a-telle ajoûté, je vous demande, Monsieur, ce que j'ai vû dans votre conduite, qui doive me faire préferer à ce parti une union d'interêts avec vous, lorsqu'il y a si peu de rapport entre nos esprits ?

Ainsi tu vois, Belford, qu'il entre de la raison, comme du ressentiment, dans la préférence qu'elle fait de sa Terre à moi. Tu vois qu'elle se donne la liberté de penser quelle peut être heureuse sans moi, & qu'elle est menacée de ne pas l'être avec moi !

H iij

Je l'avois priée, en finissant mes re-préfentations, de ne pas attendre la réponse de Mifs Howe pour lui écrire; & fi fa refolution étoit de s'en rapporter à elle, de la mettre en état de juger, par une pleine explication des circonftances préfentes.

Je le ferois, Monfieur, (c'eft fa réponfe) fi j'avois quelque doute fur le choix auquel je fuis porté, entre le mariage & le fiftême que vous venez d'entendre. Vous devez comprendre que c'eft pour le dernier que je me déclare … Au refte, Monfieur, je fouhaite que notre féparation fe faffe fans emportement. Ne me mettez pas dans la neceffité de repéter…

Notre féparation, Madame ! ai-je interrompû. Je ne puis foûtenir de fi cruelles expreffions ! Cependant, je ne vous fupplie pas moins d'écrire à Mifs Howe avant l'arrivée de fa reponfe. J'efpére que fi Mifs Howe n'eft pas mon ennemie.…

Mifs Howe eft deja informée du fujet de mes déliberations. La reponfe que j'attens ne vous regarde pas, Monfieur. Elle n'a rapport qu'à moi. Le cœur de Mifs Howe eft trop ardent fur les intérêts de l'amitié, pour me laiffer en fufpens, un moment de plus qu'il n'eft neceffaire. Sa réponfe ne dépend point abfolument d'elle-même ; il faut qu'elle voie quelqu'un, qui fera peut-être obligé de voir plusieurs autres Personnes

C'est cette maudite contrebandiere, Belford. la Towfend de Miss Howe, je n'en doute pas un moment. Complot, rufe, intrigue, ftratagéme ! J'ai à me défendre d'une multitude de *taupes*, qui marchent fous terre autour de moi. Mais que je fois abîmé dans leurs foûterains, & *taupe* moi-même, fi leurs projets renverfent les miens, & fi ma Belle m'échappe à préfent.

Elle m'a confeffé ingenuement qu'elle avoit penfé à s'embarquer pour quelques-unes de nos Colonies d'Amérique ; mais qu'aiant été forcée de me voir, ce qu'elle auroit fouhaité de pouvoir éviter au péril de fa vie, elle commençoit à croire qu'il feroit plus heureux pour elle de reprendre fon ancien fiftême favori ; du-moins fi Miss Howe pouvoit lui trouver quelque azile honorable, jufqu'à l'arrivée de fon coufin Morden. Mais s'il tardoit trop, ou s'il étoit impoffible à Miss Howe de lui trouver une retraite affûrée, elle reviendroit peut-être au deffein de quitter l'Angleterre : car, après avoir mis fon imagination à toutes les épreuves, elle ne fe fentoit pas capable de re-

tourner au Château d'Harlove, où la
fureur de son frere, les reproches de sa
sœur, la colere de son pere, l'affliction
encore plus touchante de sa mere, & les
tourmens de son propre cœur, lui rendroient la vie insuportable.

O Belford! je suis presque au desespoir. Je languis, je meurs pour cette
reponse de Miss Howe. Je serois capable d'attaquer, de battre, de derobber,
de tout commettre, à l'exception du
meurtre, pour l'intercepter.

Mais, déterminée comme je te représente ma cruelle Déesse, il ne m'en a
pas paru moins évident qu'elle con-
serve encore quelque tendresse pour moi.
Il lui est souvent échappé des larmes en
me parlant. Elle a poussé plusieurs soupirs. Elle m'a regardé deux fois d'un
œil de tendresse, & trois fois d'un œil
de compassion. Mais ces raions de bonté
se font autant de fois repliés, si tu me
passes cette expression, & son visage
s'est détourné, comme si elle s'étoit défiée
de ses yeux, ou qu'elle n'eût pû soûtenir
l'ardeur des miens, qui cherchoient dans
ses regards un cœur perdu, & qui s'effor-
çoient de pénétrer par cette voie jusqu'à
son ame. J'ai pris plus d'une fois sa main.
Elle ne s'est pas beaucoup défendue con-

tre cette liberté. Je l'ai preffée une fois
de mes levres ; fa colere n'a pas été fort
vive, & j'ai remarqué, fur fon vifage,
plus de trifteffe que d'indignation Comment concevoir que des dehors fi doux
puiffent couvrir tant de fermeté ?

J'efpérois, lui ai-je dit, qu'elle confentiroit fans répugnance à la vifite des
deux Dames que je lui avois tant de fois
annoncées. Elle étoit dans une maifon
étrangere, m'a-t'elle répondu, elle m'avoit vû moi-même, elle ne pouvoit fe
défendre de rien. Cependant elle avoit
toûjours eu la plus parfaite confidération
pour les Dames de ma famille, fur la reputation de leur merite & de leur vertu.

Je me fuis mis à genoux devant elle,
dans une allée de verdure où nous étions.
J'ai faifi fa main. Je l'ai conjurée avec
un tranfport, qui m'a fait abandonner
un moment la conduite de ma langue,
de me rendre, par fon pardon & par fon
exemple, plus digne de deux cheres
tantes qu'elle eftimoit, plus digne de fa
propre bonté Sur mon ame, ai-je ajoûté
dans la même ivreffe de fentimens, cette
bonté, Madame, cet excès de bonté que
je ne merite point, me perce jufqu'au
fond du cœur. Je ne puis la foûtenir.

Pourquoi, pourquoi, ai-je penfé

alors, n'a t'elle pas la générosité de prendre cet inftant pour me pardonner ?
Pourquoi veut-elle me mettre dans la
neceffité d'appeller à mon fecours ma
tante & ma coufine ! La fortereffe, qui
ne fe rend point aux fommations d'un
Conquerant, peut-elle efperer une capi-
tulation auffi avantageufe, que s'il n'a-
voit pas eu la peine d'amener fa groffe
artillerie contre elle ?

Mais la divine fille, qui avoit été frappée de l'air de mon vifage & du ton de
mon difcours, a retiré fa main, en me
regardant avec une forte d'admiration.
Etrange compofé! a-t'elle dit: & pouffant
un foupir ; ɔɔ que de bons & de vertueux
ɔɔ fentimens, ne dois - tu pas avoir
ɔɔ étouffés ! Quelle terrible dureté de
ɔɔ cœur doit être la tienne, pour être
ɔɔ capable des émotions que tu laiffes
ɔɔ voir quelquefois, des fentimens qui
ɔɔ fortent quelquefois de tes levres, &
ɔɔ pour l'être auffi de les vaincre, juf-
ɔɔ qu'à te livrer aux excès les plus op-
ɔɔ pofés

Elle s'eft arrêtée. Je lui ai repondu,
pour reveiller tout ce que j'avois jamais
excité de favorable dans fon cœur, que
j'efpérois de cette génér ufe inquiétude,
qu'elle avoit témoignée pour moi lorfque

je m'étois trouvée si mal….. (l'avanture de l'Ipecacuanha , Belford). Mais elle m'a interrompu : j'en suis bien récompensée , m'a t'elle dit. Finissons cet entretien. Il est tems de rentrer. Je veux aller à l'Eglise. (Diable ! ai je dit tout bas). Les impertinentes femmes , qui l'ont vûe faire quelque pas vers la maison , se sont avancées pour l'avertir que le déjeûner l'attendoit. Je n'ai eu que le tems de la supplier , en levant les mains , de me donner l'espérance d'une nouvelle conversation après le déjeûner. Non. Elle étoit resolue d'aller à l'Eglise. La cruelle personne m'a quitté , pour remonter droit à sa chambre , & ne m'a pas même accordé la permission de prendre le thé avec elle.

Madame Moore a paru s'étonner de ne pas nous voir en meilleure intelligence , après un si long entretien ; sur-tout dans l'opinion où je l'avois hier laissée , que ma femme consentoit au renouvellement de la cérémonie. Mais j'ai levé l'embarras des deux veuves , en leur disant qu'elle vouloit se tenir dans cette reserve , jusqu'à ce qu'elle sût du Capitaine Tomlinson si son oncle assisteroit personnellement à la célébration , ou s'il se contenteroit de nommer ce digne

H vj

ami pour le repréfenter. Je leur ai recommandé encore le fecret fur ce point.
Elles me l'ont promis, pour elles-mêmes, & pour Mifs Rawlings, dont elles
m'ont affez vanté la difcretion, pour me
faire connoître que c'eft la dépofitaire
générale de tous l s fecrets des femmes
de Hamftead. Ciel ! Belford. Que de
méchancetés, cette Mifs Rawlings doit
favoir ! Quelle boëte de Pandore que
fon fein ! Si e n'avois rien qui meritât
mieux mon attention, je m'engagerois
à l'ouvrir bientôt ; & quel ufage ne ferois je pas de mes découvertes ?

A préfent, mon ami, tu comprens
que toute ma reffource eft dans la mediation de ma tante & de ma coufine
Montaigu, & dans l'efperance d'intercepter la reponfe de Mifs Howe.

La belle Inexorable eft allée à l'Eglife
avec Madame Moore & Madame Bevis.
Mais Will obfervé de près tous fes mouvemens, & j'ai reglé les moiens de recevoir fur le champ tous fes avis. Elle m'a
declaré qu'elle ne fouhaitoit pas que
j'y paruffe avec elle. *Quelle ne fouhaitoit pas*, expreffion favorite des femmes ;

comme si nous étions obligés de suivre
toujours leurs volontés. Je ne l'ai pas fort
pressée, dans la crainte quelle ne me
soupçonnât de quelque doute sur son
retour volontaire.

Il m'est venu à l'esprit d'arrêter Madame Bevis, & de lui offrir une autre
occupation. Je crois qu'elle auroit passé
aussi volontiers le tems avec moi qu'à
l'Eglise. Elle a paru incertaine, lorsque
je lui ai représenté que pour l'édification
publique, deux personnes suffisoient
d'une maison. Mais étant habillée, &
sa tante Moore l'attendant, elle a cru devoir partir.... de peur que cela ne parût affecté, m'a t'elle dit en passant ; à
moi qui en aurois assurement mieux
jugé.

LETTRE CCXXXIII.

Monsieur LOVELACE, au même.

Dimanche après-midi.

O Belford ! de quel danger je suis
échappé ! ton ami tremble encore,
d'un mélange de crainte & de joie ! A

qu'elle étrange fille ai-je donc à faire, qui ose lutter contre son destin, quoiqu'elle ait tant de fois éprouvé que sa propre étoile combat pour moi ? Je suis le plus heureux des hommes. Mais la respiration me manque, lorsque je reflechis à quel petit fil mon sort a commé été suspendu. Pour ne te pas tenir en suspens, je suis en possession, depuis une demie heure, de cette réponse si longtems attendue ; & par le plus bizarre accident ! Mais je joins ce billet à ma lettre précédente, parce que ton Messager attend mes dépêches.

***

LETTRE CCXXXIV.

Monsieur LOVELACE, *au même.*

VOici l'avanture. Ma Charmante est retournée cet après midi à l'Eglise, avec Madame Moore. J'avois été fort pressant pour obtenir l'honneur de dîner avec elle ; mais envain. Je lui avois demandé ensuite la faveur d'une nouvelle conférence au jardin. Elle s'est obstinée dans la résolution d'aller à l'Eglise ; & quelles raisons n'ai-je pas de m'en rejouir !

Ma digne amie, Madame Bevis, a jugé qu'un sermon suffisoit dans un jour. Elle est demeurée pour me tenir compagnie.

Il n'y avoit pas un quart d'heure que ma Charmante & Madame Moore étoient sorties, lorsqu'un jeune païsan, à cheval, est venu demander à la porte Madame *Henriette Lucas*. Nous étions, la Veuve & moi, dans le parloir voisin, indeterminés encore sur le sujet de notre amusement. J'ai entendu le discours du Messager. O ma chere Madame Bevis! ai-je dit à la veuve, je suis perdu, perdu sans ressource, si vous ne me prétez pas votre secours. Voilà certainement un Exprés de cette implacable Miss Howe, avec une lettre. Si Madame Lovelace la reçoit, nous perdons le fruit de toutes nos peines.

Que demandez-vous de moi? m'a-t'elle répondu de la meilleure grace du monde. Je l'ai conjurée d'appeller à l'instant la servante, pour lui donner mes instructions. Cette fille est venue. *Peguy* (*) lui ai-je demandé, qu'elle reponse avez-vous faite à la porte? J'ai demandé seulement, Monsieur, de quelle part? car votre valet de chambre m'a dit de quoi

____

(*) Petit nom pour Marguerite.

il étoit queſtion : & je ſuis venue à la voix de Madame, avant que le garçon m'ait répondu. Fort bien, ai-je repris. Si vous ſouhaitez jamais, mon enfant, d'être vous-même heureuſe en mariage, & qu'on s'oppoſe aux Mechans qui voudroient ſemer la diſcorde entre-vous & votre mari, il faut que vous tiriez de ce garçon ſa lettre ou ſon meſſage, que vous me l'apportiez ici, & que Madame Lovelace n'en ſache rien à ſon retour. Voilà une guinée pour vous.

Peguy a reçu ma guinée ; quoiqu'elle fût prête à me ſervir pour rien, m'a-t'elle dit, parce que M. Will l'avoit aſſurée que j'étois un bon Maître. Elle eſt retournée à la porte. Elle a demandé au Meſſager quelle affaire il avoit avec Madame Henriette Lucas ; & j'ai entendu ce garçon qui lui repondoit, je veux lui parler à elle-même.

Ma très-chere Veuve, ai je dit auſſi-tôt à Madame Bevis, faites-vous paſſer pour Madame Lovelace ; je vous en prie au nom du Ciel. Paſſez pour Madame Lovelace.

Vous n'y penſez pas, m'a-t'elle repondu. Madame Lovelace eſt d'une blancheur éclatante ; j'ai le teint brun. Elle a la taille menue, & je ſuis aſſez replete.

N'importe , n'importe , Madame.
Le Meſſager peut être un nouveau do-
meſtique. Je vois qu'il n'a pas de livrée.
Vraiſemblablement il n'a jamais vû ma
femme. Vous vous direz malade, menacée de l'hidropiſie. Peguy, Peguy, ai-
je crié doucement , en prenant la voix
d'une femme. Peguy m'eſt venu parler à
la porte de la chambre. Je lui ai donné
ordre de dire au Meſſager, que Madame
Lucas ſe portoit mal , & qu'elle s'étoit
aſſoupie ſur un lit de repos. Tirez , ai-je
ajoûté , tout ce que vous pourrez de lui.
Peguy n'a pas manqué de m'obéïr. A
préſent , ma chere Veuve , étendez-vous
ſur le lit de repos , couvrez-vous le viſage de votre mouchoir , afin que s'il
s'obſtine à vouloir vous parler, il ne puiſſe
voir vos yeux ni vos cheveux. Bon , fort-
bien. Je paſſerai dans le cabinet.

Peguy nous eſt revenue dire qu'il re-
fuſoit de lui confier ſa lettre , & qu'il
vouloit parler à Madame Lucas elle-même. J'ai ouvert le cabinet. Faites le venir : dites-lui, que voila Madame Henriette Lucas. S'il marque du doute ,
ajoûtez qu'elle eſt aſſez mal , & qu'on
craint pour elle une veritable hydropiſie.
Peguy nous a quittés. Voions , chere
Veuve , comment vous allez faire une

charmante Madame Lovelace. Demandez-lui s'il eſt envoié par Miſs Howe ? s'il lui appartient? comment elle ſe porte? N'oubliez pas de la nommer, à chaque mot, votre chere Miſs Howe. Offrez de l'argent. Prenez cette demie guinée. Plaignez-vous d'un mal de téte, pour avoir occaſion de la tenir baiſſée, & couvrez d'une main la partie de votre viſage qui ne ſera pas cachée de votre mouchoir. Oui, fort-bien, on ne ſauroit mieux. J'entens le coquin. Hâtez-vous de le congedier.

Il eſt entré, en écorchant le plancher de ſes reverences, & tenant des deux mains ſon chapeau devant lui. Mais il faut, Belford, que tu entendes les demandes & les réponſes, ſuivant la méthode que tu as goûtée dans quelques-unes de mes Lettres.

Le Meſſ. Je ſuis fâché, Madame, de vous trouver malade.

La Veuve. Que demandez-vous de moi, mon enfant ?

Le M. Je ſuppoſe que vous êtes Madame Henriette Lucas.

La V. Oui mon enfant. Ne venez-vous pas de la part de Miſs Hove ?

Le M. Oui, Madame.

La V. Savez-vous mon vrai nom ?

Ie M. Je m'en doute aſſez : mais ce n'eſt pas mon affaire.

La V. Quelle eſt donc votre Commiſ-ſion ? Ma chere Miſs Howe eſt elle en bonne ſanté ?

Le M. Fort bonne , Madame , graces à Dieu. Je ſouhaiterois que la votre le fut auſſi.

La V. J'ai trop de chagrin pour me bien porter.

Le M. C'eſt ce que j'ai entendu dire à Miſs Howe.

La V. Ma tête eſt dans un triſte état. J'ai peine à la ſoûtenir. Ne me faites pas trop attendre le ſujet de votre commiſſino.

Le M. J'aurai bientôt fini. C'eſt une lettre , que je ſuis chargé de vous don-ner en main propre ; la voici.

La V. (Prenant la lettre). De ma chere Miſs Howe ? . . . . Hà , ma tête !

Le M. Oui , Madame. Mais je ſuis faché de vous voir ſi mal.

La V. Appartenez-vous à ma chere Miſs Howe ?

Le M. Non Madame. Je ſuis fils d'un de ſes Fermiers Sa mere ne doit pas ſavoir qu'elle m'ait chargé de ce meſ-ſage. Mais je ſuppoſe que la lettre vous dira tout.

La V. Comment vous recompenſerai-je de ce ſervice ?

Le M. Point du tout, Madame : ce que je fais eſt pour obliger Miſs Howe. Mais vous paroiſſez ſi mal , que peut-être aurez-vous peine à lui faire réponſe.

La V. Avez vous ordre de l'attendre ?

Le M. Non pas abſolument. Mais j'ai ordre d'obſerver votre ſanté & votre ſituation ; & , ſi vous faites un mot de reponſe , de me garder bien de la perdre , & de la rendre en ſecret à notre jeune Maîtreſſe.

La V. Vous voiez que je n'ai pas le viſage fort bon , & tel que je l'ai ordinairement.

Le M. Je ne me rappelle pas de vous avoir jamais vûe plus d'une fois ; c'étoit au paſſage d'une barriére , où je vous rencontrai avec notre jeune Maîtreſſe: mais j'ai trop de ſavoir vivre pour regarder les Dames en face , ſur-tout au paſſage d'une barriére.

La V. Avez-vous beſoin de vous rafraîchir , mon Enfant ?

Le M. Ce qu'il vous plaira , Madame.

La V. Peguy , conduiſez ce jeune homme à la cuiſine , & préſentez-lui ce qui ſe trouvera dans la maiſon.

Le M. Votre ſerviteur , Madame. Je me ſuis arrêté en chemin , ſur la hauteur ; ſans quoi je ſerois arrivé

plutôt. (Graces à mon étoile, ai-je penfé).
J'y ai fort bien dîné, à l'enfeigne du
Château d'or, où je me fuis informé de
cette maifon. Ainfi, je me contenterai
de boire un coup, parce que la viande
que j'ai mangée étoit fort falée.

Il eft forti, en recommençant fes reverences. Le diable t'emporte, ai-je
penfé, maudit babillard ! & fortant du
cabinet, j'ai retenu un moment Peguy,
pour lui recommander de nous défaire
de cet importun, avant que les deux
Dames puffent être revenues de l'Eglife.
Il paroît que le coquin a bû largement.
Peguy lui trouvant de l'inclination à
parler, n'a pas manqué de lui en fournir
l'occafion. Il lui a recommandé, à l'o-
reille, de fe défier d'un certain M. Lovelace, qui pour lui avouer la verité,
n'étoit qu'un franc vaurien. Eh ! pourquoi ?
lui a demandé Peguy, prête s'il faut l'en
croire, à lui jetter fon vere à la tête.
Pourquoi ? a-t'il repondu : parce qu'il
diftribue des baifers à toutes les femmes
dont il approche : & paffant les bras autour de Peguy, le rufé païfan lui en
a donné un fort paffionné. Reconnois-
tu la nature humaine, ami Belford ?
elle opere dans toutes les conditions.
C'eft ainfi que les païfans, comme ceux

qui font au-deſſus deux ; pratiquent ce qu'ils cenſurent & cenſurent ce qu'ils pratiquent. Un autre païſan, qui l'auroit vû, ſans pénéter plus loin, le traiteroit de vaurien, comme le coquin en a traité ton ami Lovelace.

Il a dit à la ſervante, qu'autant qu'il avoit pû decouvrir le viſage de la jeune Dame, il l'avoit jugée plus haute en couleur, qu'il ne ſe ſouvenoit de l'avoir vûe ; & qu'il lui trouvoit auſſi plus d'embon point, la taille plus courte. Toute femme, Belford, eſt née pour l'intrigue. Cette groſſe & vive créature a commenté à ſa mode, ſur les ouvertures que je lui avois données : l'embonpoint apparent de Madame Lucas, venoit d'une diſpoſition à l'hidropiſie ; ſa couleur, enflammée d'un furieux mal de dents ; & ſa taille ſembloit racourcie, parce que dans la ſituation où elle étoit, comme il devoit l'avoir obſervé, ſon mal de dents lui faiſoit retirer les pieds. Il s'eſt reproché de n'avoir pas fait cette dernière reflexion ; mais il étoit fort ſatisfait d'avoir rendu la lettre en mains propres, & de pouvoir en aſſurer Miſs Howe.

Avant ſon départ, il a ſouhaité abſolument de voir encore une fois la bonne amie de ſa jeune Maîtreſſe. La Veuye a repris la même posture. *Il lui a demandé ses ordres particuliers.* Elle n'en avoit point à lui donner, lui a t'elle dit ; & son chagrin étoit de se trouver si mal, qu'il lui étoit impossible d'écrire. Il a offert de repasser le jour suivant, parce qu'il alloit voir, à Londres, un de ses cousins, qui demeuroit dans Fetterslane.

Non. Elle attendroit, pour écrire, qu'elle fût un peu mieux, & sa lettre partiroit par la poste.

Tant mieux pour lui, s'il n'étoit chargé de rien. Il pourroit s'arrêter un jour ou deux à Londres, parce qu'il n'avoit jamais vû les lions de la Tour, ni Bedlam (*), ni les Tombes de Westminster. Il prendroit un ou deux jours de congé, comme on lui en avoit donné la permission, supposé qu'il ne reçut aucun message.

Il a refusé la demi guinée, avec de grandes protestations de désinteressement, & de zèle pour Miss Howe, dont la volonté le feroit aller au bout du monde, & même jusqu'à Constantinople.

Enfin l'insuportable coquin est parti ; & j'ai été fort soulagé en le voiant disparoître, dans la crainte où j'étois qu'il ne demeurat jusqu'au retour des Dames.

(*) Hôpital des fous.

C'eſt ainſi , Belford , que je me ſuis
ſaiſi d'une lettre qui me rend le cœur
tranquille ; & par une ſuite d'incidens
qui me font dire que l'étoile de ma Charmante combat contre elle. Cependant je
dois attribuer une partie du ſuccès à la
juſteſſe de mes meſures. Si je ne m'étois
pas aſſuré de la Veuve par mes careſſes ,
& de la ſervante par celles de mon valet,
à quoi n'étois-je pas expoſé ? Il ne m'en
a couté qu'une guinée pour l'une ; &
pour l'autre , une demie douzaine de bai-
ſers , qui joint à l'averſion qu'elles ont
toutes deux pour les mechans eſprits ,
dont toute la joie conſiſte à mettre le
trouble dans un ménage , les ont attachées à mes intérêts , juſqu'à me promettre , que ni Madame Moore , ni
Miſs Rawlings , ni Madame Lovelace
ne ſauront pas de huit jours ce qui s'eſt
paſſé. La Veuve s'eſt réjouie de voir,
entre mes mains , la lettre dont il y avoit
tant de mal à redouter. Je me ſuis retiré
pour la lire , & j'ai emploié auſſi-tôt
ma plume à t'informer de ma bonne fortune. Les Dames m'ont laiſſé tout le
tems dont j'avois beſoin ; car au lieu de
revenir après le ſervice , elles ſe ſont
arrêtées chez Miſs Rawlings , qu'elle
vouloient engager à venir prendre le thé
avec

avec elles ; & cette fille affairée les a fait attendre affez longtems.

Mais je les entens toutes trois , & je me hâte de les rejoindre.

LETTRE CCXXXVII.

Monfieur LOVELACE, au même.

JE t'avois commencé une autre lettre, qui devoit contenir la fuite de ma narration : mais celle-ci partira , fuivant toute apparence , avant que je puiffe finir l'autre. Celle de Mifs Howe , que j'y joins , t'obligera de convenir qu'aucune des deux correfpondantes ne merite ma pitié. Auffi fuis - je réfolu de finir avec l'une , & de commencer ferieufement avec l'autre.

Lis ici , fi tu veux , cette memorable piéce. Tu n'es pas mon ami, fi tu plaides pour l'une ou l'autre des deux impertinentes filles , après l'avoir lue.

A Madame HENRIETTE LUCAS, *chez Madame Moore, à Hamſtead.*

Après les découvertes que je vous ai communiquées dans ma longue lettre de Mercredi dernier , ſur les infâmes pratiques du plus abandonné de tous les hommes , vous jugerez facilement , ma très-chere amie , que ma ſurpriſe , en liſant votre billet de Hamſtead , n'a pas été ſi grande que mon indignation. Si le Miſerable avoit entrepris de brûler une Ville , au lieu d'une maiſon , je n'en ſerois point étonnée. Ce que j'admire , c'eſt qu'il n'ait pas découvert plutôt ſes griffes ; & je ne trouve pas moins étrange qu'après l'avantage qu'il s'étoit procuré ſur vous , & dans cette horrible maiſon , vous ayiez trouvez le moien de ſauver votre honneur & de vous dérobber à cette trouppe infernale.

Je vous ai donné , dans la même lettre, pluſieurs raiſons qui doivent vous inſpirer de la défiance de ce Tomlinſon. Il n'y a que trop d'apparence , ma chere , que cet homme eſt un autre vilain. Puiſſe la foudre écraſer le ſcélerat , qui a ſuſ-

cité, & lui, & tout le reste de sa détestable bande, pour conspirer la ruine
de la vertu la plus consommée. Le Ciel
soit loué! vous êtes échappée à leurs
piéges, & je vous vois hors de danger.
Ainsi, je ne vous troublerai point à présent par de nouveaux détails, que j'ai
recueillis sur cette abominable imposture.

La même raison me fait remettre à
d'autres tems quelques nouvelles avan-
tures du Misérable même, qui sont venues depuis peu jusqu'à moi ; une en particulier, qui est d'une nature si choquan-
te! En vérité, ma chere, cet homme
est un diable.

Toute l'histoire de Madame Fretchville
& de sa maison, je l'assure hardiment,
n'est aussi qu'une fable. L'infâme caractère! Quelle horreur j'ai pour lui!

Il vous est venu à l'esprit de quitter
l'Angleterre, & les raisons que vous en
apportez m'ont touchée sensiblement.
Mais prenez courage, ma chere. J'espère que vous ne serez pas dans la nécessité de renoncer à votre patrie. S'il arrivoit que vous y fussiez cruellement forcée, j'abandonnerois toutes mes espérances, & vous me verriez bien-tôt près
de vous. Je vous accompagnerois, dans
quelque lieu du monde que vous choi-

fiffiez pour azile. Je partagerois votre
fortune avec vous. Il me feroit impoffible d'être heureufe, fi je vous favois
expofée, non feulement aux perils de la
mer, mais encore aux entreprifes de
ce dangereux fexe. Vos graces perfon-
nelles attireront toujours les yeux fur
vous, & vous jetteront dans mille dangers, que d'autres éviteroient, avec moins
de ces éclatantes faveurs de la nature.
C'eft à quoi fert prefque uniquement la
beauté, cet avantage fi défiré, fi vanté!

O ma chere! fi je prenois jamais le
parti du mariage, & fi je devenois mere
d'une Clariffe, (car pour peu qu'une
fille promit, elle n'auroit pas d'autre
nom) combien de fois le cœur me fai-
gneroit-il en la voiant croître, lorfque je
ferois réflexion qu'une prudence & une
difcretion, fans exemple dans une femme,
n'ont pas été dans vous une protection
fuffifante pour cette beauté, qui excite
tant de regards & d'admiration! Que
j'apprehenderois peu les attaques de cette
maladie, qu'on nomme cruelle, parce
qu'elle eft l'ennemie des beaux vifages!

Madame Towsend me quitte à ce moment. Je croiois me souvenir que vous l'aviez vûe anciennement avec moi. Mais elle m'assure, qu'elle n'a jamais eu l'honneur de vous connoître personnellement.

Elle a l'esprit mâle. Elle sait le monde: & ses deux freres étant actuellement au port de Londres, elle garantit leurs services pour une si bonne cause, & ceux mêmes des deux équipages, s'ils deviennent nécessaires. Consentez-y, ma chere. Votre infâme aura du moins les bras cassés, pour recompense de toutes ses bassesses. Ce qu'il y a de fâcheux, c'est que Madame Towsend ne peut être à vous avant Jeudi prochain, ou Mercredi au plutôt. Etes-vous sure de votre retraite jusqu'à l'un ou l'autre de ces deux jours? Je vous crois trop près de Londres. Vous seriez mieux dans la Ville même. Si vous changez de lieu, faites le moi savoir au même instant.

Que mon cœur est déchiré, lorsque je pense à la nécessité où vous êtes de suivre le torrent qui vous pousse, & de cacher

jufqu'à votre nom & vos charmes! Le
diabolique perfonnage! Il faut qu'il fe
foit fait un amufement de fes inventions.
Cependant ce cruel & barbare amufement eft ce qui vous a fauvé des violences fubites, auxquelles il n'a eu que trop
fouvent recours avec de jeunes perfonnes de fort bonne famille ; car c'eft dans
cet ordre que le Malheureux fait gloire
de tendre fes piéges.

La baffeffe de ce fpécieux monftre a
plus fervi que toute autre confidération,
à mettre Hickman en credit auprès de
moi. Il eft le feul qui fache de moi votre
fuite, & les raifons qui vous y ont déterminée. Si je ne les lui avois pas expli-
quées, il auroit pû juger encore plus
mal de l'infâme entreprife. Je lui ai communiqué votre billet de Hamftead. Il a
tremblé, en le lifant, & fon vifage s'eft
couvert de rougeur. Après cette lecture,
il s'eft jetté à mes pieds, il m'a demandé
la permiffion de fe rendre auprès de vous,
& de vous offrir un azile dans fa maifon.
Il avoit les larmes aux yeux, & fes inf-
tances ne finiffoient pas. Je mettrai fix
chevaux à mon caroffe, me difoit-il,
& je ferai gloire, à la face du monde
entier, d'aller fervir de protecteur à
l'innocence opprimée,

Son ardeur m'a plu, & je ne le lui ai pas caché. Je ne m'attendois pas à lui trouver tant de vivacité. Mais la foumiſſion d'un homme, pour une femme qu'il aime, n'eſt peut-être pas une preuve qu'il manque de courage. J'ai cru qu'en retour, je devois quelques égards à ſa ſureté; car une demarche ouverte ne manqueroit pas d'attirer ſur lui la vangeance du plus hardi de tous les Brigans, qui a toujours à ſes ordres une troupes de ſcélerats tels que lui, prêts à ſe ſoûtenir mutuellement dans tous leurs attentats. Cependant, comme M. Hickman auroit pû ſe fortifier du ſecours de la juſtice, je ne me ferois pas oppoſée à ſes deſſeins, s'ils avoient pû s'exécuter ſans un éclat ſcandaleux, qui auroit pû faire donner à votre avanture des explications choquantes pour votre délicateſſe; & ſi je n'avois cru voir, avec toute ſorte de vraiſemblance, que par le moien de Madame Towſend, tout peut être menagé avec moins de bruit & plus de certitude.

Madame Towſend ſe rendra elle-même auprès de vous; & dès Mercredi, ſuivant ſes eſpérances. Ses freres & quelques-uns de leurs gens ſeront diſperſés aux environs, comme s'ils ne vous connoissoient pas ; non-seulement pour vous escorter à Londres, mais pour vous conduire ensuite jusqu'à la maison de Depford. C'est l'arrangement que nous avons pris ensemble. Elle a, dans le même Bourg, une proche parente qui recevra vos ordres, s'il arrive qu'elle soit forcée de vous quitter. Vous pourrez attendre, dans cette retraite, que la premiere furie de votre Misérable se soit rallentie & qu'il ait fini ses recherches. Il ne tardera point à se rendre coupable de quelque nouvelle infamie, qui comblera peut-être la mesure, & qui le fera condamner au supplice. On pourra publier que vous êtes allée reclamer la protection de votre cousin Morden à Florence ; & s'il peut se le persuader, *il sera capable* de prendre le chemin de l'Italie, pour suivre vos traces. Ensuite je n'aurai pas de peine à vous procurer un logement dans quelqu'un de nos Villages voisins, où j'aurai le bonheur de vous voir tous les jours; & si cet Hickman continue d'être moins insuportable, ou si ma Mere ne fait pas des choses étonnantes, je penserai d'autant plutôt au mariage, que je serai libre alors de recevoir & d'entretenir à mon aise les delices de mon cœur. Que de jours heureux nous passerons ensemble ! & comme c'est ma plus douce espérance, je me flatte aussi que ce sera votre consolation.

A l'égard de votre Terre, puisque vous êtes résolue de ne pas emploier l'autorité des Loix, nous prendrons patience jusqu'à l'arrivée du Colonel Morden, ou jusqu'à ce que la honte rappelle certaines gens à la justice.

Tout consideré, je suis portée à vous croire beaucoup plus heureuse dans vos nouvelles vûes, que vous n'auriez jamais pû l'être en épousant votre monstre. Ainsi je vous felicite d'être échappée, non-seulement à un horrible libertin, mais au plus vil des maris, tel qu'il le sera pour toute femme au monde ; sur-tout pour une personne de votre délicatesse & de votre vertu. Vous le haïssez à présent, & du fond du cœur ; je n'en doute plus, ma chere. Il seroit bien étrange qu'un cœur aussi pur que le votre n'abhorrat point ce qui lui est le plus opposé.

Dans votre billet, vous me parlez d'un autre, que vous ne m'avez écrit que par feinte. Je ne l'ai pas reçu ; d'où vous devez conclure qu'il est tombé entre ses mains : & s'il s'en est saisi, nous sommes fort heureuses qu'il n'ait pas intercepté de même ma longue lettre de Mercredi. Remercions en le Ciel, & de ce qu'elle est allée si heureusement jusqu'à vous.

Vous recevrez celle-ci par les mains d'un jeune homme, fils d'un de nos Fermiers, à qui j'ai recommandé de ne la remettre qu'à vous. Il doit revenir sur le champ, si vous le chargez de quelque chose pour moi: si-non il passera par Londres, qu'il n'a jamais vû. C'est un garçon simple, mais fort honnête, à qui vous pouvez parler librement. Si vous ne pouvez m'écrire par cette occasion, ne tardez point à me donner de vos nouvelles par quelque autre voie. Ma mere ignore que je vous envoie ce Messager. Elle n'est pas encore informée de votre heureuse évasion. J'attendrai, avec une extrême impatience, comment vous vous serez arrangée avec Madame Towsend. Vous vous persuaderez aisément qu'il n'a pas dependu de moi de vous l'envoier plutôt. Je me repose sur elle de tout ce que je pourrois vous dire ou vous conseiller de plus; & je finis par des vœux ardens, pour la sureté présente & le bonheur futur de ma très-chere amie.

Ne manque point, Belford, de me
renvoier cette lettre auſſi-tôt que tu
l'auras lue. Confeſſe à préſent que je ſuis
dans le chemin de la juſtice.

L T T R E CCXXXVIII.

Monſieur LOVELACE, *au même.*

Dimanche au ſoir, & Lundi matin.

RAppelle toi les circonſtances. Je
ſuis deſcendu avec la vangeance
dans le cœur, uniquement rempli de la
lettre de Miſs Howe; mais le viſage
néanmoins auſſi doux, auſſi tranquille,
auſſi ſerein que j'avois pû le prendre dans
mon miroir, & les manières auſſi po-
lies, qu'un homme auſſi impoli que
moi, comme on me l'a ſouvent reproché, eſt capable de les avoir.

On étoit venu rappeller Miſs Rawlings, preſque auſſitôt qu'elle étoit arrivée; pour quelques perſonnes qui lui
rendoient chez elle une viſite imprévûe.

ꝟj

J'ai remarqué, dans les yeux de ma Charmante & dans les siens, que ce contretems leur deplaisoit; & j'ai su qu'effectivement elles s'étoient proposé d'aller prendre l'air sur la colline, si je partois pour Londres, comme j'en avois marqué le dessein: & Dieu sait quelle auroit été le fruit de cette promenade, si la curiosité de l'une s'étoit rencontrée avec l'esprit communicatif de l'autre. Miss Rawlings a promis de revenir promptement. Mais ensuite elle a fait faire ses excuses, parce que la visite étoit pour toute la soirée. J'ai regardé ce message comme un coup de fortune pour moi, & j'ai tourné tous mes soins à me menager quelques momens de conversation avec ma Déesse.

Quoi-que je l'aie trouvée inebranlable dans ses resolutions, & qu'elle m'ait renvoié constamment à la reponse de Miss Howe, je n'ai pas tiré peu d'avantage de cette conférence. Elle a consenti du moins à voir ma tante & Charlote, si ces deux Dames arrivoient dans un jour ou deux, c'est-à-dire avant la lettre dont elle fait dépendre son sort & le mien. J'en ai remercié le Ciel. A présent, ai-je dit en moi-même, je puis aller à Londres, avec l'espérance, ma chere, de te retrouver où je te laisse. Cependant je me fierai d'autant moins à ta parole, qu'il pouroit t'arriver dans mon abfence quelque bonne raifon d'y manquer. Will, qui ne quittera pas la maifon, & qui fera informé de tes moindres démarches par la généreufe bonté de Madame Be is, aura l'honnête André & un cheval prêt, pour me donner fur le champ les avis neceffaires; & de quelque côté que tu puiffes tourner, je t'affure qu'il fera partie de ton cortege, fans que tu faches à la verité l'honneur que je lui procure.

Voilà, pour toute faveur, ce que j'ai pû tirer de mon inexorable. Dois-je m'en rejouir ou m'en affliger?

Ma foi, je m'en réjouis. Cependant mon orgueil eft furieufement humilié, lorfque je fonge combien j'ai peu de part à l'affection de cette fille des Harloves.

Ne me dis pas que dans cette maifon la vertu eft fon guide. C'eft l'orgueil qui la gouverne; & je te garantis qu'il furpaffe le mien. De l'amour, il eft clair qu'elle n'en a pas, & qu'elle n'en a jamais eu, du moins dans un degré fupérieur.

Jamais l'amour n'a reconnu l'empire de la prudence ou du raisonnement. Elle ne peut souffrir, vois-tu, qu'on la prenne pour une femme. Or si, dans la dernière épreuve, je trouve en effet qu'elle n'en soit pas une, cessera-t'elle d'être ce qu'elle est réellement ? Qui la blâmera d'avoir souffert un mal dont elle n'aura pû se défendre ?

Un Général d'armée, qui dans une rencontre inégale auroit été dépouillé par un voleur de grand-chemin, en seroit-il moins propre à commander ? A la vérité, si ce Général, prétendant à la plus grande valeur & s'étant vanté de ne pas redouter les brigands, n'avoit fait dans cette occasion qu'une resistance foible ; ou s'il avoit donné sa bourse, tandis qu'il étoit maître de son épée ; le voleur qui l'auroit dépouillé passeroit avec raison pour le plus brave.

Ces dernières conférences avec la Belle m'ont fourni, en faveur de mon dessein, un argument que je n'avois pas encore emploié. Ah Belford ! Qu'il est difficile de vaincre une passion dominante lorsqu'on a le pouvoir de la satisfaire ! Commence par l'aveu de cette vérité : fais-y bien reflexion ; & tu seras alors en état, je ne dis pas d'excuser, mais de

t'expliquer à toi-même ce que c'est qu'un
crime projetté, qui a l'habitude pour
lui, dans un cœur impatient, orageux,
ennemi de la contradiction.

Voici mon nouvel argument.

Suppose qu'elle succombe dans l'é-
preuve ; que je sorte vainqueur ; qu'elle
refuse ensuite de me laisser jouir de mes
droits, ou même de se marier, (ce qui
n'a pas une ombre de vraisemblance) ;
& qu'elle dedaigne l'établissement que
je ferois gloire de lui assurer, jusqu'à la
moitié de mon bien : dans cette suppo-
sition même, elle ne peut jamais être
absolument malheureuse. N'est-elle pas
sure d'une fortune indépendante ? & la
qualité de curateur n'obligera-t'elle pas
le Colonel Morden de l'en mettre en possession ? Ne m'a-t'elle pas expliqué,
dans notre premiére conférence, un plan
de vie, qu'elle a toûjours préféré à l'é-
tat du mariage ? » C'est de prendre sa
» bonne Norton pour guide, & de
» vivre dans sa Terre, suivant l'inten-
» tion de son grand-pere.

Considére encore, que suivant ses
propres idées, quand elle prendroit à
présent le parti de m'épouser, elle ne
rétabliroit jamais plus *d'une moitié* de sa
réputation ; tant elle croît en avoir perdu

en prenant la fuite avec moi. Ne paſ-
fera-t'elle pas le reſte de ſa vie à regréter,
à pleurer l'autre moitié ? & s'il faut que
ſes jours ſe paſſent triſtement dans le regret de *cette moitié*, ne vaut-il pas autant
qu'elle ait à pleurer, à regretter le tout ?

Ajoûte que dans la ſuppoſition qu'elle
reſiſte à l'épreuve, ſon propre ſiſtéme de
penitence ne ſera pas auſſi parfait de la
moitié, que ſi ſa vertu ſuccombe. Plai-
ſante penitence, que celle d'une perſonne qui n'a rien à ſe reprocher ! Elle
ſe vante, (tu le ſais, elle m'en a fait
un ſujet de reproche) elle ſe vante de
n'avoir pas fui volontairement avec moi,
& d'avoir été trompée par mes inventions.

Et ne me fais pas un fantôme, de la
violation de mes ſermens. Tu vois
qu'elle m'ôte le pouvoir de les remplir.
Je puis dire en ma faveur que ſi elle
l'avoit voulu, j'en aurois exécuté le plus
ſolemnel, au moment que je l'ai prononcé Quel eſt le Prince qui ſe croît
obligé à l'obſervation des traîtés les plus
ſaints, lorſque ſon intérêt ou ſon inclination change avec les circonſtances ?

Le reſultat de cette grande affaire,
n'eſt-il donc pas qu'après l'épreuve,
Miſs Clariſſe, ou ce ſera ſa faute, peut

demeurer auffi vertueufe qu'elle l'ait jamais été; qu'elle peut devenir un exemple plus éminent pour fon fexe; & que fi elle fuccombe, pour peu même qu'elle fuccombe, il dépendra d'elle de paffer pour un modéle de pénitence ? A l'égard de la fortune, elle n'en peut manquer que par un effet de fa mauvaife volonté.

Ainfi, je ne vois pas d'autre rifque pour elle, que de mener, elle & fa *vielle* nourrice, une vie conforme à fon inclination, avec un *vieux* cocher, & une paire de *vieux* chevaux de caroffe; deux ou trois *vieilles* fervantes, & peut-être deux ou trois *vieux* laquais, (car tout doit être *vieux* & fentir la pénitence autour d'elle); lifant de *vieux* fermons & de *vieux* livres de prières, foulageant les *vieux* hommes & les *vieilles* femmes, donnant de *vieilles* leçons & de *vieux* confeils, fur de *nouveaux* fujets comme fur les *vieux*, aux jeunes perfonnes de fon voifinage; pour arriver ainfi au *bon vieil* âge, en repandant fes bien-faits & l'odeur de fes vertus dans toute fa génération.

Et dira t'on qu'une femme, qui peut mener une vie fi douce, avec la liberté d'y faire entrer tout ce qui eft conforme à fon propre plan, eft perdue, ruinée, ou d'autres miserables propos de cette nature? Je pers patience, lorsque j'entens, dans la bouche de ces jolies Personnes, des expressions si fortes, pour décrire un mal passager, qui cesse d'en être un avec quelques formalités écclesiastiques.

Mais, après m'être satisfait moi-même sur ce qui peut arriver de pis à cette charmante fille, & t'avoir fort-bien prouvé qu'elle ne peut être malheureuse que par sa faute, je fais reflexion que je n'ai jamais pensé quel sera vraisemblablement mon propre partage.

Quoique Miss Howe nous juge indignes des femmes de merite, & que ce qu'il y a de pire dans son sexe lui paroisse trop bon pour nous, j'ai toujours eu pour principe, que la femme d'un libertin doit être pure & sans reproche. Que nous reviendroit-il d'avoir mené une vie libre, si nous n'avions pas appris à connoître le monde & les moiens d'en tirer avantage? Mais, pour être tout a fait sérieux, ce seroit un malheur pour le public, que deux personnes, à la tête d'une famille, fussent également livrés au mal ; parce qu'il ne pourroit sortir d'eux qu'une mechante race, des Lovelaces & des Belfords, si tu veux, qui commettroient des désordres affreux dans le monde.

Tu vois qu'au fond, je ne suis pas aussi abandonné qu'on le pense, & qu'il y a dans mon caractère un mêlange de gravité. Cette bonne semence pourra fructifier avec l'âge; & je ne desespère pas, lorsque ma chaleur active aura commencé à se rallentir, qu'on ne m'entende dire, avec Salomon, de tous les plaisirs dont il ne me restera plus que le souvenir, *vanité des vanités.*

Ce qui est certain, c'est que je ne trouverai jamais une femme aussi conforme à mon goût, que Miss Clarisse Harlove. Je souhaite seulement, si je vis assez pour voir mes vœux remplis, d'avoir une compagne comme elle, pour la consolation & l'honneur de mon couchant. Il m'est venu quelquefois à l'esprit qu'il est fort malheureux pour l'un & l'autre, qu'une si excellente fille ait paru dans le monde un peu trop tard pour mon lever, & un peu trop tôt pour le tems de mon cours. Cependant, comme j'ai trouvé dans mon chemin cette charmante *Pelerine,* je voudrois quelle me tint compagnie pendant le reste de mon voiage; dût-elle se détourner de sa propre route pour m'obliger. Peut-être arriverions nous le soir au même logement, & trouverions-nous notre bonheur dans l'entretien l'un

de l'autre, en nous racontant les difficultés & les périls que nous aurions essuiés.

Parle de bonne foi, Belford ; je
m'imagine que tu soupçonnes quelques
endroits de cette lettre, d'être écrits à
Londres. Je ne défavoue pas que l'air
de la Ville ne soit un peu plus épais que
celui de Hamstead, & la conversation
de Madame Sinclair & de ses Nymphes
moins innocente que celle de Madame
Moore & de Miss Rawlings. Il me semble, au fond du cœur, que je puis
écrire & parler dans une des deux mai-
sons, comme je n'en serois pas capable
dans l'autre.

Je suis arrivé à Londres, ce matin,
vers sept heures ; & j'ai commencé par
distribuer mes ordres & mes instructions.

Avant que de quitter Hamstead, j'a-
vois fait demander la faveur d'un moment d'audience. J'étois curieux de
voir laquelle de ses aimables contenances
ma Charmante auroit prise, après avoir
passé tranquillement une seconde nuit.
Mais je l'ai trouvée resolue de demeurer
en quérelle ouverte. Elle ne m'a pas
même accordé le pouvoir de solliciter
encore une fois ma grace, avant l'arrivée de Mylady Lawrance & de ma cousine. Cependant j'avois reçu avis de mon

Procureur, par un homme à cheval ; que tous les obstacles étoient levés depuis deux jours, & que je pouvois aller prendre la permission Ecclésiastique. J'ai envoié sa lettre à ma Charmante, par madame Bevis. Cette nouvelle n'a pû me faire ouvrir l'entrée de sa chambre.

Il est tems, Belford, de mettre en mouvement toutes mes machines.

LETTRE CCXXXIX.

Monsieur LOVELACE, au même.

A Présent que l'action s'échauffe, je serai bientot délivré de l'engagement où je me suis mis, de te rendre un compte si exact de toutes mes démarches. J'ai la permission Ecléfiastique. Maame Towfend, avec tous ses Matelots, doit être à Hamstead Mercredi ou Jeudi prochain. Il peut arriver une autre lettre, ou peut-être un nouveau Messager de Miss Howe, pour s'informer de la santé de son amie, sur le rapport du Païfan, & pour lui marquer son étonnement de n'avoir rien reçu d'elle. Tu vois qu'il n'y a plus d'instans à perdre. Il faut que la

Belle faute ou moi. Auffi je me difpofe à partir pour Hamftead avec Mylady Lawrance & ma coufine Montaigu, dans une berline à quatre ou à fix chevaux car Mylady ne feroit pas un voyage de deux ou trois milles autrement. C'eft une partie affez connue de fon caractère.

A l'égard des armes fur la berline, ne fais-tu pas que pendant que ma tante eft à la Ville, elle profite de l'occafion pour faire redorer la fienne, & qu'elle en prend une de remife? On ne fait rien à fon gré dans les Provinces. La livrée approche beaucoup de la fienne.

Tu as vû plufieurs fois Mylady Lawrance. N'eft-ce pas, Belford?

Jamais, me repons-tu.

Tu l'as vûe, te dis-je; & tu as même eu part à fes faveurs, ou la renommée te fait plus d'honneur que tu ne merites. Ne connois-tu pas fon autre nom?

Son autre nom? t'entens-je repondre. En a-t'elle deux?

Oui, Belford. Tu ne te fouviens pas de Mylady-Barbe Wallis?

Du diable! t'écries-tu.

C'eft elle-même. Tu fais que Barbe Wallis, élevée dans une abondance dont il ne lui refte que l'orgueil, ne paroît & ne fe produit guéres que dans les occa-

fions extraordinaires ; c'eſt à-dire , lorfqu'il eſt queſtion, ſuivant le prix ,de paſſer
pour une femme de qualité. On a toujours admiré ſon air de grandeur, qui
ne s'eſt jamais dementi dans tous les rolles
qu'on lui a fait jouer.

Et qui crois-tu que ſoit ma couſine
Montaigu ? Comment le deviner, n'eſt ce
pas ? Hé-bien, je t'apprens, que c'eſt ma
petite *Jannette Golding* , une petite créature fort vive , qui ne laiſſe pas d'avoir
le regard modeſte. Janette Golding eſt
ma couſine Montaigu.

Voilà , graces au Ciel , une tante &
une couſine ; toutes deux avec de l'efprit , accoûtumées à faire les perſonnes
de qualité , maîtreſſes d'elles-mêmes ,
& fort bien élevées ; revenues néanmoins
de la tendreſſe de cœur & de la pitié : de
vraies Dames de Sparte, qui ne craignent
que d'être connues pour ce qu'elles ſont ,
& par conſequent ſi attentives à ſe dé-
guiſer , qu'elles ſe croient réellement
ce qu'elles imitent.

Et ſous quels habits crois-tu que je les
préſente ? Je vais te l'apprendre. Mylady
Barbe eſt en drap d'or , avec des joiaux
d'un grand prix. Ma couſine Montaigu
en petit jaune à fleurs d'argent , qui ſont
l'ouvrage de ſes propres mains. Elle n'eſt

pas si bien en diamans que ma tante :
mais les pendans d'oreille & le nœud
sont très-riches , & lui sient à merveilles.
Jannette comme tu sais , a le teint admirable , la gorge belle , & les oreilles
d'une beauté singuliére. Charlotte à les
mêmes avantages , & la taille à peu-
près la même. Je n'ai rien épargné pour
les dentelles.

Tu ne t'imaginerois pas ce que me
coûtent les Diamans , quoiqu'ils ne
soient loués que pour trois jours. Cette
chere personne me ruine. Mais ne vois-
tu pas que son regne est court , & qu'il
doit l'être ? Madame Sinclair a deja tout
préparé pour la recevoir une seconde fois.

LETTRE CCXXXX.

Monsieur LOVELACE, *au même.*

Lundi après-midi , chez Madame Sinclair.

TOut est disposé au gré de mon cœur.
En depit de toutes les objections,
en depit d'une resistance qui est presque
allée jusqu'à l'évanouissement , en dépit des précautions , de la vigilance , des
soupçons,

foupçons , la maîtreffe de mon ame eft rentrée dans fon premier logement.

C'eft à préfent que toutes les artères me battent. C'eft à préfent que mon cœur eft dans une agitation continuelle. Mais le tems ne me permet pas de t'expliquer nos opérations. Ma Bien-aimée eft occupée actuellement à faire fes malles , pour ne remettre jamais le pied dans cette maifon. J'ofe bien le dire , que jamais elle ne l'y remettra , lorf-qu'une fois elle en fera fortie.

Cependant, pas un mot , pas une condition d'amniftie! L'impitoiable Harlove ne veut pas meriter ma pitié ! Elle eft toujours refolue d'attendre la lettre de Mifs Howe ; & fi elle trouve alors quelque difficulté dans fes nouveaux fiftêmes (c'eft me donner fujet de la remercier de rien)…. alors, alors qu'arrivera-t'il ? Alors même , elle prendra du tems pour confiderer fi je dois obtenir grace ou me voir rejetté pour jamais. Odieufe indifférence , qui en fait revivre dans mon cœur cent de cette nature! Cependant Mylady Lawrance & Mifs Montaigu déclarent que je dois être fatisfait de cette fiére fufpenfion. Ne feroit-on pas tenté de croire qu'elle ne veulent qu'irriter ma vangeance ?

Tom. V. Part. II.   **K**

Elles lui font extrêmement attachées.
Tout ce qu'elle dit eft précieufement re
cueilli de fa bouche. Elles fe font rendues
caution , pour ce foir , de fon retour à
Hamftead ; elles doivent y retourner
avec elles. Mylady Lawrance a donné
fes ordres pour un fouper chez Madame
More. Tous les appartements de la
maifon doivent être remplis par les deux
Dames & par leur fuite (avec ma permiffion , comme tu te l'imagines , car ils
m'appartiennent pour un mois). Elles fe
propofent d'y demeurer huit jours au
moins , ou jufqu'à ce qu'elles aient obtenu de la charmante Rebelle , le pardon
quelles lui demandent pour moi , &
d'accompagner Mylady Lawrance dans
Oxfordshire. La chere perfonne s'eft laiffée amener à ces termes. Elle a promis
d'écrire à Mifs Howe , pour l'informer
de toutes les circonftances de fa fituation.
S'il fort quelque lettre de fes belles mains,
tu ne doutes pas que mon genie ne m'apprenne ce qu'elle aura écrit. Mais je fuis
trompé , s'il ne lui prepare pas d'autres
occupations.

Mylady Lawrance repéte à chaque
moment qu'elle eft fure de ma grace ,
quoiqu'elle ofe dire que je n'en fuis pas
digne. » Mylady eft trop délicate pour

» souhaiter des détails , sur la nature
» de mon offense : mais une action, qui
» excite de si vifs ressentimens , doit être
» une offense contre elle-même , contre
» Miss Montaigu , contre toutes les
» personnes vertueuses de leur sexe. Ce-
» pendant elle ne cessera point de de-
» mander grace pour moi. Elle ne se
» relâchera point jusqu'à l'heureux jour,
» où pour mon honneur & pour celui de
» ma famille , elle nous verra recevoir
» secretement la bénédiction du ma-
» riage. Jusqu'à ce tems , elle approuve
» l'expedient de M. Jules Harlove ; &
» devant les étrangers , elle traîtera son
» incomparable niéce comme ma
» femme.

» *Stedman* , son solliciteur , peut venir
» prendre ses ordres à Hamstead pour
» l'affaire qu'elle plaide à la Chancelle-
» rie. Elle ne se privera point une heure
» de la compagnie & de l'aimable en-
» tretien d'une si chere niéce. Elle lui
» proposera même de monter en carosse,
» pour aller voir à Londres notre cou-
» sine Mylady *Lesson* , qui est dans une
» mortelle impatience de la connoître.
» Mais quels seront les ravissemens de
» Milord M......, lorsqu'il aura la
» satisfaction de l'embrasser , & de la

>> nommer sa niéce ! Que Mylady Sad-
>> leir va se croire heureuse ! La perte
>> de sa fille , qu'elle pleure si amére-
>> ment , lui paroîtra bien avantageuse-
>> ment reparée.

Miss Montaigu s'arrête sur chaque mot
qui tombe de ses levres. >> Elle adore par-
>> faitement sa nouvelle cousine ; car il
>> faut qu'elle soit sa cousine , & rien
>> ne l'empechera de lui donner ce nom.
>> Elle répond d'une admiration égale
>> dans Miss Patty sa sœur.

Oui, dis-je la larme à l'œil, (assez
haut pour être entendu) : que cette
pauvre Patty va se trouver attendrie à la
première entre vûe ! Quel charme pour
elle, de voir paroître une cousine si longtems promise , avec un air si gracieux !
si noble ! si naturel !

>> Heureuse , heureuse famille ! nous
>> écrions-nous ensemble.

En un mot , la joie & les transports
regnent ici comme à Hamstead. Tout le
monde est dans l'ivresse ; à l'exception de
ma *Bien-aimée* , sur le visage de laquelle
on voit, au milieu de ses charmes, un air
d'inquiétude , & quelques traces de la
repugnance extrême qu'elle à marquée,
pour venir prendre elle-même son linge
& ses habits dans cette maison.

Il me semble, Belford, que la pitié cherche à me surprendre. Mais loin, loin, mouvement hors de saison, qui m'avez deja perdu plus d'une fois. Adieu reflexion. Adieu remords, égards, compassion. Je vous congedie tous, au moins pour huit jours. Souviens-toi, Lovelace, de la parole qu'elle a violée ! de sa fuite, dans un tems où ta folle tendresse t'inclinoit à la pitié ! souviens-toi de la maniére dont elle t'a traité dans sa derniére lettre ; & de tous les outrages qu'elle t'a fait essuier à Hamstead !

N'oublie pas la préférence qu'elle donne au celibat sur ton amour : qu'elle te meprise ; qu'elle va jusqu'à refuser d'être ta femme ! Ton cœur orgueilleux, refusé par une femme ! refusé avec plus d'orgueil encore, par une fille des Harloves ! tandis que deux Dames de ta maison, (c'est du moins l'opinion qu'elle en a), la supplient envain d'accorder le retour de son affection à leur parent meprisé, & prennent la loi de son humeur hautaine !

Rappelle-toi d'autre part les imprécations de son audacieuse amie, qui ne viennent que de ses représentations, & dont la peine doit retomber par consequent sur elle-même. Rappelle-toi plus

particuliérement le complot de la Townfend, qui a pris naiſſance entre ces deux
filles; qui doit éclater dans un jour ou
deux; & n'oublie pas les *humiliantes menaces* (*) de la petite furie.

L'heure de l'épreuve n'eſt-elle pas arrivée ? Ne ſuis-je pas au moment que je
me ſuis efforcé d'avancer, par tant de
peines, de dépenſes & d'inventions ?
Eſt-il beſoin de jetter les offenſes de ſa
maudite famille dans la balance ?

J'abhorre la force. Je me ſouviens de
l'avoir dit. Il n'y a point de triomphe ſur
la volonté dans la force. Mais ne l'aurois je pas evîtée ſi je l'avois pû ? N'ai-
je pas eſſaié toutes les autres méthodes ?
Me reſte-t'il d'autre reſſource ? Son reſſentiment peut-il aller plus loin pour le
dernier outrage, qu'elle ne le pouſſe
pour une entrepriſe puerile ? A quelque
excès que je le ſuppoſe, n'ai-je pas une
réparation préſente dans l'offre du mariage ? Elle ne la refuſera pas. J'en ſuis
ſur, Belford. La fiére Beauté ne refuſera
rien, lorſqu'elle verra ſon orgueil ab-
batu, lorſqu'elle ſentira que ſes recits,
ſes plaintes, & toutes ſes affectations de
reſiſtance, ſeront ſuſpectes à ſon propre

(*) De lui faire caſſer les bras par les Matelots de
Madame Townſend.

fexe, & lorfque fa modeftie, en ram-
pliffant fon cœur de reffentiment , n'en
aura pas moins le pouvoir de lui fermer
la bouche.

Mais qui fait fi toutes ces difficultés ne
font pas autant de chimeres , que je me
plais moi-même à former ? Clariffe n'eft-
elle pas une femme ? Quel remede pour
un mal commis ? Ne faut-il pas qu'elle
vive ? Sa vertu eft une fureté pour fa vie.
Le tems ne fera-t'il pas le refte ? En un
mot , quel parti aura-t'elle à prendre ?
Elle ne peut me fuir. Elle fera forcée de
me pardonner : & , comme je l'ai fouvent repeté , être pardonné une fois c'eft
l'être pour toujours.

Pourquoi donc mon foible cœur fe
laifferoit-il amollir par la pitié ? Non ,
non. J'aurai toutes ces idées préfentes.
Je n'aurai qu'elles dans l'efprit; pour
foûtenir une réfolution, que les femmes
dont je fuis environnée veulent parier
encore que je n'exécuterai pas. Je t'apprendrai , ma chere & charmante perfonne , à me le difputer en invention. Je
t'apprendrai a former des complots
contre ton Conquerant. Je te forcerai de
reconnoître que les fiftêmes de contre-
bande ne font pas ton partage ; & que
c'eft d'un Lovelace , que toi , ta Mifs

Howe & ta Townsend, doivent prendre
des leçons.

Qu'allons nous faire à présent ? Nous
sommes plongés dans un abîme de douleur & de crainte. Que les femmes souf-
frent impatiemment qu'on leur manque!
On s'attendoit à partir pour Hamstead,
& à quitter pour jamais une maison où
l'on n'étoit rentrée qu'avec une mortelle
repugnance. Les habits étoient rangés,
les malles fermées, elle-même disposée
au départ, & moi prêt à l'accompagner.
Elle commence à craindre que ce ne
soit pas pour ce soir. Dans sa douleur
& son désespoir, elle s'est jettée dans son
ancien appartement; elle s'y est enfer-
mée, & Dorcas l'a vûe à genoux par le
trou de la serrure, priant sans doute
pour son heureuse délivrance.

Et pourquoi ? D'où vient cette facheuse agonie ?

Que veux tu ! Cette Mylady Law-
rannce, aiant quelque ordres à donner,
avant que de partir pour Hamstead, a
repris le chemin de sa maison dans son
carosse ; & Miss Montaigu, qui devoit l'attendre ici, est montée avec elle,

fous prétexte d'aller prendre fes habits de nuit , & d'autres commodités, fans lefquelles on ne paffe point la nuit hors de chez foi. Je ne fuis pas moins étonné que ma Charmante, de ne pas les voir revenir. J'ai envoié favoir ce que figni-fie ce retardement.

Dans le trouble de fes efprits, Mifs Clariffe fouhaiteroit que j'y fuffe allé moi-même. J'ai beaucoup de peine à la calmer. Cette fille eft infuportable. Je ne fais d'où viennent fes craintes.

Je maudis le délai de mes deux paren-tes , & la lenteur de mon laquais , qui fe fait attendre auffi. Que le diable les em-porte , ai-je deja dit vingt fois. Qu'elles envoient leur caroffe , & nous partirons fans elles. J'ai même ordonné au Meffa-ger de le dire à Mylady Lawrance, & j'ai eu foin que ma Charmante pût l'enten-dre. Je dis à préfent , que peut-être s'ar-rête-t'il pour nous amener la voiture , s'il eft furvenu quelque chofe qui ne permette point aux Dames d'accompag-ner aujourd'hui ma Charmante.

Je ne ceffe point de les donner au diable. Elles avoient promis de ne pas

K v

s'arrêter, parce qu'il n'y a pas deux jours qu'un caroſſe fut volé au pied de la colline de Hamſtead ; ce qui a fort allarmé ma chere Clariſſe, lorſqu'on lui a fait ce recit.

Mais je vois revenir mon laquais, avec un billet de ma tante.

A Monſieur LOVELACE.

Lundi au ſoir.

Faites agréer nos excuſes , je vous en ſupplie mon cher neveu, à ma très-chere & très aimable niéce. Une nuit ne changera rien à nos arrangemens. Depuis notre arrivée , Miſs Montaigu s'eſt évanouie trois fois ſucceſſivement. L'excès de ſa joie , je m'imagine, d'avoir trouvé votre chere Dame ſi ſuperieure à notre attente, & ſon empreſſement trop vif pour la rejoindre , ont cauſé ce facheux contre tems. Pauvre Charlotte ! Malgré ſon air de ſanté , vous ſavez quelle eſt très-foible.

Si la force lui revient , nous irons certainement vous prendre demain, après notre déjeuner. Mais, ſoit qu'elle ſoit mieux ou non , je ne perdrai pas le

plaisir de conduire votre chere Dame à
Hamstead , & je serai demain chez-
vous , dans cette vûe , avant neuf heures
du matin. Mille complimens, tels que je
les dois , au digne objet de vos affections.
Je suis votre affectionée , &c.

ELIZABETH LAWRANCE.

De bonne foi , Belford , je ne sais
plus où j'en suis moi-méme ; car à ce moment , aiant fait porter ce billet en haut
par Dorcas , ma chere Clarisse est sortie
de sa chambre , le billet à la main , dans
un veritable accès de phrenesie. Elle s'é-
toit plainte aujourd'hui d'un grand mal
de tête. Dorcas est venue me dire , hors
d'haleine , que sa Maîtresse descendoit
dans quelque étrange dessein ; mais elle
n'a pas eu le tems d'achever. J'ai su depuis qu'après avoir lû le billet , elle s'é-
toit écriée d'un ton lamentable ; *c'est à
présent que je suis perdue ! O malheureuse
Clarisse !* Dans le même transport , elle a
déchiré sa coiffure & ses manchettes. Elle
a demandé où j'étois ; & se précipitant
sur l'escalier , elle est entrée dans le
parloir , ses beaux cheveux flottant sur

K vj

ſes épaules , ſes manchettes en piéces ſur ſes mains , les bras étendus , & les yeux ſi égarés, qu'ils paroiſſoient prets à ſortir de leur orbe. Elle s'eſt jettée à mes pieds; & m'embraſſant les genoux , cher Lovelace ! m'a-t'elle dit, d'une voix tremblante ! ſi jamais…, ſi jamais…, ſi jamais…, Là , ſans pouvoir ajoûter un ſeul mot, & lâchant mes genoux, elle eſt tombée ſans mouvement ſur le plancher.

Je ſuis demeuré dans l'étonnement que tu peux te repréſenter. Tous mes projets ont été ſuſpendûs quelques inſtans. Je ne ſavois ce que j'avois à dire ou à faire. Mais, après un peu de réflexion; ſuis-je prêt, ai-je penſé, à me trahir encore une fois? & me laiſſerai-je ici jouer ou vaincre ? Si je recule, c'eſt fait de moi pour jamais.

Je l'ai ſoulevée ; mais elle eſt retombée auſſitôt, les jambes lui manquant, comme s'il s'étoit fait une diſſolution dans ſes jointures. Cependant elle ne paroiſſoit pas évanouie. Je n'ai jamais vû , ni entendu rien d'approchant. Preſque ſans vie , ou du moins ſans uſage de la voix pendant quelques momens. Quelle doit avoir été ſa terreur ! Cependant à l'occaſion dequoi ? Cette chere ame se fait de furieuses idées des choses! Ignorance pure, ai-je pensé.

Cependant je suis parvenu à la lever. Je l'ai placée sur une chaise ; & je lui ai reproché de se livrer à de vaines allarmes. Je lui en ai marqué de l'étonnement. Je l'ai conjurée de se rassurer ; de se reposer sur ma foi & mon honneur. Je lui ai renouvellé tous mes anciens sermens, & j'en ai prodigué de nouveaux. A la fin, ouvrant la bouche , avec un sanglot capable de fendre le cœur , elle m'a dit en termes interrompus ; je vois... je vois, M. Lovelace , je vois... je vois que je suis perdue... si... si votre pitié... ah ! j'implore votre pitié : & sa tête, comme un lis surchargé de rosée, dont la tige est à demi rompue , s'est abbaissé sur son sein , avec un soupir qui m'a réellement pénétré l'ame.

Je lui ai représenté tout ce qui m'est venu à l'esprit pour relever son courage. Lorsqu'elle s'est trouvé un peu plus de force, elle m'a demandé pourquoi je n'avois pas envoié chercher le carosse, comme je l'avois proposé ? J'ai repondu qu'on y étoit allé sur le champ, mais que Mylady avoit envoié chercher un Medecin pour Miss Montaigu , dans la crainte qu'il ne se fit trop attendre. M. Lo-

velace ! m’a-t’elle dit, d’un air de défiance, & la douleur dans les yeux.

Mylady Lawrance, ai-je repris, pourroit trouver étrange qu’elle se fît une
peine de demeurer une nuit pour l’attendre, dans une maison où elle en avoit
passé un si grand nombre. Elle m’a donné
là-dessus, des noms injurieux. J’ai pris
patience.

Elle a parlé de se rendre chez Mylady
Lawrance. Oui, elle y vouloit aller
sur le champ.... du moins (en se re-
prenant avec un soupir) si la personne à
laquelle je donnois ce nom, étoit Mylady Lawrance en effet.

Si ! ma chere ! juste Ciel ! Quelle horrible idée ce doute m’apprend que vous
vous faites de moi ?

Pourquoi l’y forçois-je ? m’a-t’elle dit.
Mais, si ses soupçons étoient mal fondés,
qu’il lui fut permis du moins d’aller chez
Milady Lesson. Alors, prenant un ton
plus resolu ; j’irai, a-t’elle repris. Je de-
manderai mon chemin. J’irai seule....
& dans ce mouvement, elle a voulu forcer le passage. Je l’ai retenue, en passant
mes deux bras autour d’elle. Je lui ai
représenté l’état de Miss Montaigu, &
combien son impatience alloit augmenter
l’incommodité de cette pauvre cousine.

Elle a protefté qu'elle ne me croioit plus, qu'elle ne me croiroit jamais, fi je ne faifois venir fur le champ un caroffe du coin de la rue, puifqu'il ne lui étoit permis d'aller, ni chez Milady Lawrance, ni chez Milady Leffon, & fi je ne lui laiffois la liberté de retourner à Hamftead, quelque heure qu'il pût être. Elle partiroit feule. Tant mieux fi je la laiffois partir feule. Tout lui paroiffoit fi révoltant, fi infuportable, dans une maifon dont Milady Lawrance, qui s'en étoit informée, avoit elle-même une fort mauvaife opinion, qu'elle étoit refolue de n'y pas demeurer la nuit. Remarque, Belford, que pour éloigner fes defiances, mes nouvelles parentes ne lui avoient pas parlé trop avantageufement de Madame Sinclair & de fa maifon.

La violence de fes agitations m'a fait apprehender ferieufement quelque defordre pour fon efprit ; & prévoiant qu'avant la fin de la nuit elle auroit d'autres affauts à foûtenir, j'ai pris le parti de la flatter, en ordonnant à mon laquais d'amener fur le champ, à quelque prix que ce fût, un caroffe pour la conduire à Hamftead. J'ai tenté de l'effraier par la crainte des voleurs. Elle a méprifé le danger. Il m'a femblé que je faifois le fujet de fes craintes , & que la maifon caufoit toute fa terreur : car j'ai vu clairement que l'hiftoire de Milady Lawrance & de Mifs Montaigu ne lui paroiffoit plus qu'une impofture. Mais la confiance & la crédulité commencent à lui manquer un peu trop tard.

Que te dirai-je , Belford ! l'amour & la vangeance ont pris poffeffion de tous mes fens ! Ils me déchirent tour à tour ! Les pas que j'ai deja fait ! les inftigations des femmes ! le pouvoir que j'ai de pouffer l'épreuve à fon dernier point , & de me marier enfuite , fi je ne puis obtenir d'autre compofition ! Que je periffe fi je laiffe échapper l'occafion !

Mon laquais ne paroît point encore. Il eft près d'onze heures.

Enfin mon laquais eft arrivé. On ne trouve plus de caroffe , à prix d'or ni d'argent. La nuit eft trop avancée.

Elle me preffe encore une fois, elle me conjure de la laiffer aller chez Milady

Leſſon- Cher Lovelace! Bon Lovelace! Faites-moi conduire chez Milady Leſ-ſon. L'incommodité de Miſs Montaigu eſt-elle comparable à ma terreur! Au nom du Tout-Puiſſant! M. Lovelace! les mains jointes, & les ſerrant l'une contre l'autre.

O mon Ange! dans quel deſordre je vous vois! ſavez-vous, mon cher amour, quel air vos chimeriques terreurs ont repandu ſur votre charmant viſage? ſavez-vous qu'il eſt onze heures paſſées?

Ah! qu'importe l'heure! Minuit, deux heures, quatre heures du matin. Si vos intentions ſont honorables, laiſſez-moi ſortir de cette odieuſe maiſon.

Obſerve, Belford, que ce détail, quoiqu'écrit après la ſcéne, eſt recueilli auſſi fidellement, que ſi je m'étois retiré à chaque circonſtance, ou à chaque phra-ſes pour l'écrire. J'aime cette maniére vive de peindre les choſes, & je ſais que tu l'aimes auſſi.

A peine ma Charmante avoit-elle prononcé ces derniers mots, que Ma-dame Sinclair eſt entrée avec beaucoup de chaleur. Quoi donc? Madame. Eh que vous a fait cette maiſon? M. Lo-velace, vous me connoiſſez depuis quel-que tems. Si je n'ai pas l'honneur de plaire à une Dame si délicate, je ne crois pas meriter non plus qu'elle me traite si mal. Et se tournant encore vers ma Charmante, ses deux gros bras appuiés à revers sur ses cotés ; Ho ! Madame, je suis bien aise de vous le dire ; vos discours m'étonnent. Vous pourriez menager un peu plus mon caractere. Et vous, Monsieur, (en me regardant fixement & secouant la tête) si vous êtes un galant homme, un homme d'honneur . . . .

Quelque dégoût que ma Charmante eût pour cette femme, elle ne lui avoit jamais trouvé que des maniéres honnêtes & soumises. Son air mâle & ses regards farouches l'ont fort effraiée. Justice du Ciel ! s'est-elle écriée ; de quoi suis-je menacée ! & tournant de côté & d'autre des yeux comme égarés, qui sera mon protecteur ? helas ! que vais-je devenir !

Comptez sur moi, ai-je interrompû vivement. Mon cher amour, comptez sur moi. Mais au fond, vous traitez trop durement cette pauvre Madame Sinclair. Elle est née Demoiselle ; elle est veuve d'un homme de consideration ; & quoique sa fortune l'oblige de louer des appartemens, elle n'est pas capable d'une bassesse volontaire.

Peut-être . . . . peut-être me suis-je

trompée , m'a répondu la tremblante Clarisse ; mais je crois... je crois ne commettre aucun crime , en disant que je n'aime pas sa maison.

Le vieux dragon s'est avancée vers elle , les bras encore sur ses deux cotés , les sourcils herissés , les yeux étincellans , la levre d'en bas assez remontée sur l'autre pour souffler dans ses narines , le menton allongé & courbé par la violence de sa passion ; & de deux *Ho Madame* , prononcés avec le même air de furie , elle a causé tant d'épouvante à la timide Clarisse , que cette chere personne a pris ma manche pour implorer mon secours. J'ai commencé à craindre qu'elle ne tombât dans un mortel évanouissement. Un regard d'indignation que j'ai jetté sur la Sinclair a fini cette scéne. Je lui ai dit , pour soûtenir les apparences , que je ne comprenois pas quelles pouvoient être ses intentions , soit en prétant l'oreille à ce qui se passoit entre ma femme & moi , soit en paroissant devant nous sans être appellée ; & bien moins , d'où lui venoit l'audace de prendre des airs si violens. En effet , Belford , tu me blames peut-être d'avoir souffert que cette malheureuse ait poussé si loin l'effronterie. Mais tu juges bien qu'elle est venue sans mon ordre.

Elle n'a pas laiſſé de me continuer ſes ſervices, en ſe jettant ſur une chaiſe, où d'une voix mêlée de ſanglots & ſon mouchoir aux yeux, elle a gemi de la dureté dè Madame & de la mienne. Les efforts que j'ai faits pour l'appaiſer, & pour la réconcilier avec ma femme, m'ont occupé juſqu'après minuit.

C'eſt ainſi que moitié terreur & foibleſſe, moitié embarras de voir la nuit ſi avancée, elle a perdu l'idée d'aller chez Milady Leſſon, & bientôt celle d'aller dans tout autre lieu.

LETTRE CCXLI.

M. LOVELACE, à M. BELFORD.

Mardi Matin, 13 de Juin.

MA foi, Belford, je n'ai plus rien à prétendre. Mes grandes vûes ſont remplies. Clariſſe eſt vivante, & je ſuis ton très-humble ſerviteur,

LOVELACE.

LETTRE CCXLII.

M. BELFORD, à M. LOVELACE.

A Watford, Mercredi 14 de Juin.

O Monstre ! O cœur sauvage ! Tu t'es donc préparé, dans une criminelle nuit, de la matiére pour un siécle de repentir !

Je ressens un chagrin inexprimable du sort de cette incomparable fille. Dans toute la race humaine, il n'y avoit que toi dont elle pût redouter la cruauté.

J'avois commencé une longue lettre, dans laquelle je tentois encore d'amollir, en sa faveur, ton cœur de bronze ; car je n'ai que trop prévû que tu reussirois à la faire rentrer dans cette maudite maison. Mais quand je l'aurois finie, je vois qu'elle seroit arrivée trop tard. Cependant je ne puis m'empêcher de t'écrire, pour te presser du moins de réparer promptement ton crime, par un usage convenable de la permission que tu as obtenue.

Fille infortunée ! Je regrete de l'avoir

jamais vûe. Avec son adoration pour la vertu, se voir sacrifiée aux plus viles créatures de son sexe ! & toi, servir d'instrument aux puissances de l'enfer pour l'exécution d'un si barbare & si infame dessein ! O le plus cruel de tous les hommes ! Tire vanité, je te le conseille, de cette action détestable. Fais gloire du triomphe que tu as remporté sur une jeune personne, qui se voit abandonnée pour toi de tout ce qu'elle avoit d'amis au monde, & d'un triomphe dont tu n'as l'obligation qu'aux plus noirs artifices.

Je ne te dissimule pas, qu'il est heureux pour toi ou pour moi, que je ne sois pas son frere. Si je l'étois, ton crime seroit suivi de ta mort ou de la mienne.

Pardonne, Lovelace ; & que la malheureuse Clarisse ne souffre point du vif intérêt que je prens à sa disgrace. Au reste, je n'ai qu'un motif pour te faire des excuses : c'est que je dois à toi-même la connoissance de cette barbare lâcheté ; sans quoi, tu aurois pû me la représenter comme une seduction ordinaire.

Clarisse est vivante, dis-tu. C'est mon étonnement qu'elle vive ; & ton expression marque assez que toi-même, quoique rien n'ait été capable de t'arrêter, tu t’attendois peu qu’elle survecût au dernier outrage. Quelle doit avoir été sa désolation, après tant de soins employés pour la garde de son honneur, lorsqu’une affreuse certitude a pris la place d’une cruelle crainte ! Mais n’est-il pas aisé d’en juger par la peinture que tu fais de ses transports, aussitôt qu’elle a commencé à se croire jouée, abandonnée, trahie, par tes prétendues parentes ? Que tu aies pû, dans cette occasion, voir sa phrénésie, la voir prosternée à tes pieds, sans force & sans voix ; & persister dans ton horrible dessein, c’est ce qui doit paroître incroiable à ceux mêmes qui te connoissent, s’ils ont vû l’objet de tes outrages.

Ah ! Lovelace, Lovelace ; quand j’en aurois jamais douté, c’est à présent que je serois convaincu qu’il existe un autre monde, où la justice sera rendue au merite injurié, & où de si barbares perfidies trouveront leur punition. Seroit-il possible autrement que le divin Socrate & la divine Clarisse eussent souffert ?

Mais je veux écarter un moment, si je le puis, des idées qui feront longtems la guerre à mon repos.

J’ai des affaires qui me retiendront encore quelques jours ; après lesquels je quitte à jamais cette maison. L'ennui m'y a fidellement accompagné. Je n'aurois jamais découvert la moitié du respect que je me suis senti réellement pour mon viel oncle, si je n'avois été aussi attaché au chevet de son lit qu'il l'a désiré, & sans cesse temoin par consequent de tout ce qu'il a souffert. Cette occasion mélancolique peut avoir servi à m'inspirer de l'humanité ; mais il est certain que je n'aurois jamais été aussi insensible que toi à tous les remords, pour une maîtresse aussi excellente de la moitié que la tienne. Je te prie, cher Lovelace, si tu n'es pas moins homme que demon, de te laver sur le champ du crime d'ingratitude, en t'accordant à toi-même le plus grand honneur auquel tu puisses aspirer, qui est celui d'en faire ta femme legitime. Si tu ne gagnes pas sur toi de lui rendre cette justice, si tu la sacrifiois à tes maudites femmes, je crois que je ne ferois pas scrupule *de rompre une lance avec toi* ; ou du moins, tu dois t'attendre à une rupture éternelle.

Tu veux savoir ce qui me revient par la mort de mon oncle ; je n'en suis pas encore certain ; car je n'ai pas eu l'avidité de quelques autres personnes de la famille, qui devoient avoir observé un

peu

peu plus de décence, comme je leur en ai fait un reproche & laissé du moins au corps le tems de se refroidir, avant que de commencer leurs fameliques recherches. Mais, autant que j'ai pû le recueillir de quelques discours du défunt, qui a touché ce point plus souvent que je ne l'aurois souhaité, je compte sur quarante mille écus d'argent en caisse ou dans les fonds publics, outre le bien réel, qui est de cinq cens livres sterling par an.

Combien ne souhaiterois-je pas que ta passion fût pour l'argent ? La succession montat-elle au double, je t'abandonnerois jusqu'au dernier schelling, à cette seule condition ; que tu me permisses de servir de pere à la pauvre orpheline, le jour de la célébration.

Pense à ce que je t'écris, mon cher Lovelace. Sois honnête. Accorde moi la satisfaction de te présenter le plus précieux trésor que jamais un homme ait possedé. Alors je suis à toi, corps & ame, jusqu'au dernier moment de ma vie.

BELFORD.

LETTRE CCXLIII.

M. LOVELACE, à M. BELFORD.

Jeudi 15 de Juin.

LAisse moi, grand Vaurien que tu es ; laisse moi, te dis-je, avec tes Jeremiades. N'ai-je pas vû de petits garçons, qui se couvroient timidement la tête & le visage du bras ; tandis qu'un plus grand les maltraitoit à coups de poing, pour s'être enfuis avec sa pomme ou son orange ?

Je te dois ce reproche, lorsque tu traites si sevérement ton pauvre ami, qui, tout injuste que tu es, t'a fourni, comme tu l'avoues, les armes que tu employes si terriblement contre lui. Et pourquoi tout ce bruit, je te le demande : lorsque le mal est fait ; lorsque par consequent il est impossible qu'il ne le soit pas ; & lorsque qu'une Clarisse n'a pas eu le pouvoir de me toucher ?

Cependant j'avoue qu'il y a quelque chose de très-singulier dans l'avanture de cette belle personne : & dans certains momens, je suis tenté de regreter mon entreprise, puisque le corps & l'ame ont été d'une insensibilité tout-à-fait égale ; & puisque, suivant l'expression d'un Philosophe dans une occasion plus grave, il n'y a point de différence remarquable entre le crâne du Roi Philippe & celui d'un autre homme.

Mais apprens, Belford, que les extravagantes notions des gens ne changent rien à la réalité des faits. Il demeure vrai, après tout, que Miss Clarisse Harlove n'a subi que le sort commun de mille autres personnes de son sexe ; excepté qu'elles n'ont pas attaché des idées si romanesques à ce qu'elles nomment leur honneur. Voilà tout.

Je ne laisserai pas de convenir que si quelqu'un attache un grand prix à la moindre bagatelle, le vol qu'on lui en fait n'en est pas une pour elle. Je conviendrai que j'ai fait un tort extrême à cette admirable fille. Mais n'ai-je pas connu vingt personnes du même sexe qui malgré leurs hautes notions de vertu ont rabbatu de leur sévérité dans l'occasion ? & comment serions-nous convaincus de la force de leurs principes avant l'épreuve ?

J'ai répété mille fois que jamais je n'ai vû de femme comparable à Miss

Harlove. Sans cette raison, si glorieuse pour elle, peut-être n'aurois-je pas entrepris de la vaincre. Jusqu'aujourd'hui, c'est un Ange : n'est-ce pas ce que j'ai voulu vérifier dans l'origine ? D'ailleurs ma vûe favorite étoit un commerce libre ; & ne suis-je pas enfin dans la route qui peut m'y conduire ? Il est vrai que je n'ai à me vanter d'aucun triomphe sur sa volonté. Malheureusement c'est le contraire.... Mais nous allons savoir s'il est possible de l'amener à quelque douce composition sur un mal irréparable. Si le prémier parti qu'elle prend est celui des exclamations, je reconnoîtrai qu'elles sont justes ; je m'asseierai avec patience, pour les entendre, jusqu'à ce qu'elle soit fatiguée de l'exercice. Peut-être alors passera-t'elle aux reproches. J'en concevrai de l'espérance. Les reproches m'apprendront qu'elle ne me hait point ; & si son cœur est sans haîne, il est sur qu'il me pardonnera. Si j'obtiens le pardon, tout prend une nouvelle face. Elle est à moi. Je deviens maître des conditions, & toute l'étude de ma vie est alors de la rendre heureuse.

Ainsi, Belford, tu vois que je n'ai pas

marché au hazard , quoiqu'au travers
d'une infinité de peines & de remords.
Dès le commencement de ma courſe, je
me ſuis propoſé un point de vûe fixe.
Lorſque tu me preſſes de lui rendre une
généreuſe juſtice par le mariage , je te
fais la réponſe qu'un de nos amis faiſoit à
ſon Miniſtre. Obſerve la Loi , lui diſoit
le ſaint homme. *Sans doute , ſans doute ;
mais ce ne ſera point aujourd'hui.* Tu vois ,
Belford , que je ne fais pas de reſolution
contraire à la juſtice que tu me demandes
pour elle ; quand je reuſſirois même dans
ce que j'ai nommé ma vûe favorite.
Voici dequoi tu peux être ſur : ſi je prens
jamais le parti du mariage , ce ne ſera
qu'avec Clariſſe Harlove. Son honneur
n'a pas reçu d'alteration à mes yeux. Je
lui trouve au contraire un nouvel éclat.
Seulement , s'il arrive à la fin qu'elle me
pardonne , elle doit apporter tous ſes
ſoins à me perſuader , que Lovelace eſt
le ſeul dans l'univers, à qui elle pût faire
la même grace.

Mais helas ! Belford , tu ne ſais pas
tous mes embarras. Que ferai-je actuellement de cette admirable fille ? Je ſuis
faché de le dire ; mais actuellement elle
eſt comme tout-à-fait *ſtupeſite.* J'aimerois

bien mieux qu'elle eût confervé toutes fes
facultés actives , au rifque d'avoir été
maltraité par fes dents & fes ongles , que
de la voir plongée , comme elle eft depuis Mardi matin, dans une efpèce d'infenfibilité abfolue. Cependant comme
elle paroît commencer un peu à revivre,
& que par intervalles on entend fortir de
fa bouche des exclamations & des noms
injurieux , je tremble prefque de me
livrer à fes premiers tranfports. Ne m'ai-
deras-tu pas à deviner ce qui peut avoir
ftupefié une jeune perfonne fi charmante,
dans la fleur de l'âge & du temperam-
ment ? Un excès de douleur , un excès
de crainte , a fait quelque fois dreffer
les cheveux fur la tête ; & nous avons lû
même , que ces grandes revolutions en
ont changé la couleur. Mais qu'on puiffe
être abfolument ftupefié jufqu'à l'infenfibilité , c'eft ce qui doit caufer beaucoup
d'étonnement (*). J'abandonne un fujet
qui pourroit me rendre trop grave.

J'allai hier à Hamftead , où je m'ac-
quitai liberalement de toutes mes obligations. Je n'y ai pas reçu peu d'applau-
diffemens.   Il a fallu publier que ma

____

(*) Ce cruel badinage fera expliqué. On avoit
fait avaler de l'Opium à Mifl Clariffe,

chere épouse étoit à présent aussi heureuse que moi-même : & ce n'étoit pas
m'éloigner beaucoup de la verité ; car je
ne sais pas trop ce que c'est que mon
bonheur, lorsque je m'accorde la liberté
d'y faire un peu de reflexion. Madame
Townsend, avec son cortége marin,
n'avoit point encore paru. J'ai dit ce
qu'il falloit lui répondre, lorsqu'elle se
présentera.

Fort-bien. Mais après tout, (combien
d'*après-tout* me sont échappés l'un sur
l'autre ! je pourrois être fort grave,
si je me livrois à cette disposition. Le
diable emporte le fou ! dequoi s'agit-il
avec moi-même ? Je m'admire. Il faut
que j'aille respirer, pendant quelques
jours, un air un peu plus frais.

Cependant, que ferai-je de cette chere
fille, dans l'intervalle ? Que je sois dam-
né, si je le sais. M'éloigner d'un pas,
c'est l'abandonner aux dangereuses créature de cette maison, qui triomphent
plus que moi de l'évenement, & qui se
glorifient deja d'être sur la même ligne.
Je ne penserai point à la quitter de deux
jours.

LETTRE CCXLIII.

M. LOVELACE, à M. BELFORD.

J'AI eu, dans l'inftant, un petit effai de ce que je dois attendre du reffentiment de cette chere perfonne, lorfqu'elle fera tout-à-fait rétablie. Il m'en refte encore de l'émotion. Etant entré dans fa chambre après Dorcas, je l'ai trouvée dans l'affoupiffement que je t'ai décrit, quoiqu'il ait commencé à diminuer par intervalles; & je me fuis efforcé, par les plus tendres difcours, d'adoucir & de calmer fon efprit. A peine croiois-je être entendu. Cependant, au milieu de mes flatteries, elle a levé au Ciel, fans prononcer une parole, la permiffion épifcopale que j'avois eu foin de lui laiffer, comme les malheureux Catalans leverent leur traîté Anglois dans les plus preffantes extrêmités du fiége; pour demander apparemment vangeance au Ciel, ou pour arrêter de nouvelles hardieffes dont elle me foupçonnoit. Heureufement le *Dieu du fommeil*, par pitié pour le tremblant Lovelace, a fecoué fes pavots fur les yeux à demi noiés de la Belle, qui l'ont replongée dans un profond fommeil, avant qu'elle ait pû achever la priere ou l'imprécation qu'elle méditoit.

Cette circonftance, jointe à celles que je t'ai deja marquées, te fera juger qu'on a fait ufage d'un peu d'art. Mais c'étoit dans une vûe *généreufe*, fi le terme ne te choque pas à cette occafion, & pour diminuer le fentiment d'une douleur trop vive. C'eft une invention que je n'avois jamais emploiée, & qui ne me feroit pas venue à l'efprit, fi Madame Sinclair ne me l'avoit propofée. Je lui en ai laiffé le menagement; & je n'ai fait que la maudire depuis, dans la crainte qu'une exceffive quantité n'ait abruti pour jamais un efprit dont j'adore les agrémens & les lumieres. Voilà mon inquiétude ; car je conviens que cette *malheureufe fille* ne devoit pas être traîtée fi cruellement. *Malheureufe*, n'ai-je pas dit ? Je crois que je me laiffe gagner par ton *pitoiable* ftile. Mais ne fuis-je pas au fond le plus à plaindre, puifque fon infenfibilité m'a dérobbé jufqu'à préfent toutes mes joies ?

Mon deffein n'étoit pas de t'avouer ce

petit tour innocent , ou du moins *qui l'étoit dans mes intentions ;* mais je fuis ami de l'ingenuité , furtout avec toi : & comme je ne puis m'empêcher de t'écrire d'un ton plus férieux que je n'y fuis accoûtumé , peut-être , fi je t'apprenois la verité, t'imaginerois-tu que je fuis faché de l'action même , & t'aviferois-tu de prendre beaucoup de peine à me faire de plattes exhortations en faveur du mariage, qui m'ennuieroient auffi par leur péfanteur & leur infipidité. D'ailleurs , fi je ne t'avois pas fait cet aveu , il pouvoit arriver un jour ou l'autre , qu'on eût fait quelque recit aggravé de l'avanture ; & je te connois une fi haute opinion de la vertu de ma Charmante , que tu aurois été tout-à-fait déconcerté , fi tu avoi eu raifon de penfer quelle fe fût laiffée vaincre de fon confentement , ou qu'elle eût eu la moindre foibleffe de volonté. Ainfi tu vois qu'elle m'a quelque obligation, lorfqu'aux dépens de mon honneur je t'ai donné des armes pour la défenfe du fien. Ma foi tu fais à préfent tous mes fecrets.

Tu diras que je fuis un horrible perfonnage ; comme les deux amies fe plaifent à dire que je fuis un infâme vilain, un Belzebuth déchaîné. Mais c'est ce

que vous ne difiez pas moins , les uns &
les autres, avant cette dernière avanture;
& je te prie de ne rien dire de plus , fi tu
ne veux pas me rendre tout-à-fait férieux
avec toi , & me faire croire qu'en parlant de *rompre une lance* , tu pouffes l'idée
plus loin que je ne veux me le perfuader.
La faute n'eft-elle pas faite ? Se peut-il
qu'elle ne le foit pas ? & ne dois-je pas
en tirer à préfent le meilleur parti qu'il
me fera poffible? Je te demande d'autant
plus d'attention pour ma prière , & un
fecret d'autant plus inviolable , que je
commence à craindre que la punition
ne l'emporte fur la faute ; ne fût-ce que
par mes propres réflexions.

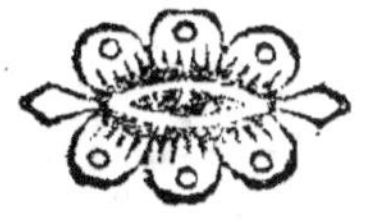

LETTRE CCXLIV.

M. LOVELACE, à M. BELFORD.

Vendredi, 16 de Juin.

TOn avanture me chagrine ; mais j'espère qu'elle ne te retiendra pas longtems au lit. Je me suis fait raconter par ton laquais, combien il s'en est peu fallu que tu ne te sois cassé le cou. Puisse ta chute ne présager rien de pis. Il me semble que tu n'es plus d'une humeur aussi entreprenante, que tu en faisois gloire autre-fois. Cependant, gai ou mélancolique, tu vois que le cou d'un libertin est toujours en danger ; si ce n'est pas du coté de la justice, c'est de la part de son propre cheval. Cette bête me paroît vicieuse, & je te conseille de ne jamais remonter dessus. C'est trop, que le Cavalier & cheval soient vicieux tout à la fois.

Tu me fais exhorter, par ton laquais, à continuer de t'écrire dans ta solitude forcée, & de dissiper ton ennui par mes lettres. Mais comment serois-je amufant pour les autres, lorfque le fujet l'eft fi peu pour moi ? Cefar n'avoit jamais connu le poids de l'Empire, jufqu'à ce qu'il fût parvenu au point ou Pompée avoit été, c'eft-à-dire, au dernier terme de l'ambition : & ton ami Lovelace n'a jamais fû ce que c'eft qu'humeur fombre, avant que d'avoir rempli fes défirs fur la plus charmante de toutes les femmes, comme Cefar fur la plus puiffante Republique du monde. Que dis-je, rempli ! lorfqu'il y manque le confentement, la volonté, & que j'afpire encore à ce bien ?

Cependant je fuis prêt à me joindre à toi, dans le regret que tu as, me fais-tu dire, (quoique l'idée ne foit pas des plus obligeantes,) que ta difgrace ne me foit pas arrivée à moi-même avant la nuit de Lundi dernier ; car la pauvre Clariffe eft tombée dans un excès tout oppofé à celui dont je t'ai fait le recit dans ma lettre précédente. Elle eft trop vive à préfent, comme elle étoit auparavant trop ftupide. S'il ne lui reftoit pas quelques intervalles lucides, on la croiroit abfolument folle, & je ferois obligé de la faire renfermer. Ce nouvel accident me jette dans un trouble affreux. Je crains

réellement que fa raifon ne foit atta-
quée fans reffource. Qui diable auroit
appréhendé de fi étranges effets d'une
caufe fi légere ? Mais ces filles à grands
fentimens , ces ames diftinguées , qui fe
font donnée comme en exemple à tout
leur fexe , (je reconnois qu'il s'en trouve
à préfent), font fi difficiles à reduire
au niveau commun, qu'un homme fage,
qui préfére fon repos à la gloire de les
vaincre , ne doit rien avoir à demêler
avec elles.

Lorfque je me fais la violence de paroître devant elle , je n'épargne rien
pour calmer fes efprits. Je lui demande
pardon. Je lui fais des fermens de bonne
foi & d'honneur. Que n'ai-je pû lui perfuader, dans ma premiére vifite, que nous
étions actuellement mariés, & confirmer,
par des témoins, que la cérémonie avoit
été célébrée la nuit du Lundi ? Quoiqu'elle eût la permiffion entre fes mains,
je m'imagine que dans fon défordre elle
m'auroit crû , & les confequences en
auroient été charmantes. Mais il eft trop
tard. J'abandonne cette efpérance , & je
lui protefte à préfent que ma réfolution
eft de l'érouler , au moment que j'apprendrai fi fon oncle veut nous accorder
fa préfence à la célébration.

Mais elle demeure sans réponse. Elle
ne prête l'oreille à rien : & soit dans ses
momens de trouble ou de raison, j'obser-
ve qu'elle ne supporte rien plus impatiemment que ma vûe.

Je suis pénétré de pitié jusquau fond
du cœur. Je me maudis moi-même,
lorsque je la vois dans ses accès, & que
j'apprehende la perte absolue des charmantes facultés de son ame ; mais je
tourne encore plus mes imprécations, sur
les femmes qui m'ont inspiré ce fatal expédient. Dieu ! Dieu ! quels tristes effets il a produits, & quel avantage en
ai-je tiré ?

La nuit passée, pour la prémière fois
depuis Lundi, elle a demandé une plume
& du papier. Mais elle ne cesse pas d'é-
crire avec une précipitation, qui marque le désordre de son esprit. Cependant
j'espére que cet exercice pourra servir à
le calmer.

Dorcas me dit à l'instant que tout ce
qu'elle écrit, elle le déchire, & qu'elle
jette les fragmens sous sa table ; soit
qu'elle ne sache ce qu'elle fait, ou qu'elle
ne soit pas contente de ses premiéres
idées. Ensuite, elle se leve, elle se

tort les mains , elle pleure, elle cherche autour de la chambre une place pour s'af-feoir ; & retournant à fa table, elle fe remet dans fon fauteuil , où elle reprend fa plume.

Dorcas m'a remis de fa part une lettre affez bizarre ; quel autre nom puis-je lui donner ? *Portez cette lettre,* lui a-t'elle dit, *au plus lâche de tous les hommes.* L'im-pertinente Dorcas s'eft hâtée de me l'ap-porter, fans autre adreffe. J'ai com-mencé à la tranfcrire, dans le deffein de t'envoier la copie. Mais elle eft en vérité fi remplie d'extravagances, que je ne puis aller jufqu'à la fin ; & l'original eft trop fingulier pour fortir de mes mains.

Je te tranfcrirai néanmoins quelques-uns des papiers qu'elle a mis en piéces, ou jettés par terre, pour la nouveauté du fpéctacle, & pour te faire voir com-bien fon efprit travaille, depuis qu'elle eft dans ce trifte état. C'eft te fournir de nouvelles armes contre moi. Mais épargne toi les commentaires. Mes pro-pres réflexions les rendent inutiles. Dorcas, craignant que fa Maîtreffe ne demande fes fragmens, fouhaite de les remettre dans le lieu où elle les a pris.

Will, que j'avois chargé d'une commission pour Hamstead, & tu juges aisement dans quelle vûe, revient m'apprendre que Madame Towsend alla hier chez Madame More, accompagnée de trois ou quatre hommes de fort mauvaise mine. Elle parut entendre avec beaucoup d'étonnement que je suis parfaitement reconcilié avec ma femme, & que deux belles Dames de mes Parentes, qui étoient venues la voir, l'ont engagée à retourner à Londres, où elle est extrêmement heureuse avec moi. Elle soûtint que nous n'étions pas mariés, à moins que la cérémonie n'eût été célébrée à Hamstead ; & les femmes étoient bien sures qu'il n'y avoit pas eu de célébration dans leur Bourg : mais ne l'étant pas moins que Madame Lovelace est heureuse & tranquille, elles n'ont pas trop menagé les auteurs du désordre, lorsqu'elles ont su que Madame Townsend est liée avec Miss Howe. Comme je suis sur que ma Belle ne peut écrire ni recevoir aucune lettre, j'ai peu d'inquiétude à présent de ce côté-là. Je m'imagine que Miss Howe sera fort embarrassée de ce qu'elle doit penser, & qu'elle ne se hazardera pas à chercher des éclaircissemens par les anciennes voies. Peut-être supposera t'elle que son amie a changé de disposition en ma faveur, & qu'elle a honte de l'avouer. Quelle autre idée pourroit-elle prendre, lorsqu'elle ne reçoit rien de sa part, & qu'elle est bien persuadée que sa denière lettre lui a été remise en mains propres ?

En attendant ce que l'avenir nous prépare, il m'est tombé dans la tête un petit projet d'une espèce nouvelle, sans autre vûe, je t'assure, que celle de me procurer un peu d'amusement. La variété a des charmes auxquels je ne résiste point. Je ne puis vivre sans intrigue. Ma Charmante n'a point à présent de passions, c'est-à-dire, aucune de celles que je lui souhaiterois. Elle exerce uniquement mon respect. Je suis actuellement plus porté à regreter mes offenses, qu'à les renouveller ; & je conserverai cette disposition jusqu'à son retablissement, parce que je ne puis savoir plutôt comment elle les aura prises.

T'apprendrai-je mon projet ? Il n'est pas d'une profondeur extrême. C'est de faire venir ici Madame Moore, Miss Rawlings & ma veuve Bevis, qui souhaitent beaucoup de rendre une visite à Madame Lovelace, à présent que nous menons ensemble une vie si heureuse : &, si je puis arranger les circonstances à mon gré; Belton, Mowbray, Tourvill & moi, nous enseignerons, à ces trois femmes, un peu plus des allures de cette méchante Ville qu'elles ne paroissent en savoir. Pourquoi m'auroient elles connu, sans en devenir meilleures & plus sages ? Je voudrois-bien qu'on s'avisât de disputer aux libertins les lumières de l'expérience! Deux de ces femmes m'ont causé assez d'embarras : & je suis sûr que la troisiéme me pardonnera de lui avoir fait passer agréablement une soirée. Tiens, je me sens dans le besoin absolu de quelque partie folle ; & celle-ci me promet de l'amusement. Ces femmes me connoissent déja pour un homme fort libre, & ne m'en aiment pas moins, ou je suis trompé. J'aurai soin quelles soient traitées assez librement, aux yeux l'une de l'autre, pour être obligées en bonne politique de tenir conseil ensemble. N'est ce pas leur rendre un très-bon office, puisque c'est former un nouveau nœud d'union & d'amitié entre trois voisines, qui n'ont eu jusqu'à présent l'une à l'autre que des obligations communes ? Tu n'as

pas befoin qu'on t'apprenne, que les fecrets d'amour, & ceux de cette nature,
font généralement le plus fur lien du
commerce entre les femmes.

Cependant, fi la raifon revenoit heureufement à ma Charmante, j'aurois affez
de nouvelles affaires pour emploier toutes
mes facultés, fans qu'il foit befoin de leur
chercher d'autres occafions. Combien de
fois t'ai - je fait obferver qu'elle a fervi,
fans le favoir, à fauver de mes mains une
prodigieufe quantité d'autres filles ?

Samedi, au foir.

Suivant le recit de Dorcas, la chere
perfonne femble un peu revenue. Je me
hâterai d'en donner avis au digne Capitaine Tomlinfon, afin qu'il en informe
auffitot fon oncle Jules. C'eft de ce côté-
là que je veux tirer mon principal fecours, pour calmer fa furie, ou du
moins pour en rabbatre la premiere violence.

LETTRE CCXLV.

Monsieur LOVELACE, au même.

Dimanche 18 de Juin, à six heures apré-midi.

J'Etois forti ce matin de fort bonne heure ; & ne faisant que rentrer à ce moment, je viens d'apprendre que dans mon absence, ma Belle a tenté de m'échapper par la fuite.

Elle est descendue, avec un petit pacquet lié dans un mouchoir, sa coëffe sur la tête. Elle étoit deja dans le passage qui conduit à la porte, lorsque Madame Sinclair l'à très-heureusement apperçue.

Je vous prie, Madame, lui a-t'elle dit en se plaçant entre-elle & la porte, aiez la bonté de m'apprendre où vous allez. Elle a repondu, d'un ton assez ferme, que personne n'avoit droit de lui faire cette question : Pardonnez-moi, Madame, a repris l'autre, je l'ai reçu de votre mari ; & mettant les deux mains sur ses côtés, avec l'air qui nous a si bien réussi, elle lui a conseillé de remonter. La chere personne auroit voulu repliquer ; mais elle n'en a pas eu la force : & fondant en larmes, elle est remontée à sa chambre. Dorcas a reçu les reproches qu'elle merite , pour l'avoir quittée de vûe.

On peut conclure de cet incident, que son charmant esprit commence à revenir, comme Dorcas me le faisoit espérer hier au soir. Cette fille dit qu'auparavant, elle ne la laissoit approcher d'elle qu'une fois le jour, & qu'alors elle paroissoit fort grave & fort tranquille.

Je suis résolu de la voir. Ce sera sans doute dans son appartement ; car je n'espére pas qu'elle veuille descendre dans la salle à manger. Si je la trouve tout-à-fait revenue, quel avantage la hardiesse de notre sexe ne me donnera-t-elle pas sur la modestie du sien ? Moi, le plus audacieux de tous les hommes ; elle, la plus reservée de toutes les femmes. Chere ame ! je crois la voir devant moi : le visage à demi tourné , chaque parole étouffée par ses soupirs, humiliée, confuse..... quel air de triomphe cette scéne ne me donnera-t-elle pas, lorsque mes yeux s'attacheront sur sa contenance abbattue !

Dorcas vient m'avertir, qu'elle la croît prête à defcendre pour me chercher ; qu'elle a demandé où j'étois, & qu'elle eft devant fon miroir, occupée à s'effuier les yeux. Son deffein apparemment n'eft pas de me toucher par fes larmes. Il lui échappe néanmoins des foupirs, qui n'auront que trop de pouvoir fur moi. Mais je ne fuis pas allé fi loin, pour abandonner mon principal objet. Il faut qu'elle rabbatte un peu de fes délicateffes. Elle fait à préfent ce qu'elle a de pis à craindre. Les circonftances font en ma faveur. Elle ne peut me fuir ; elle eft forcée de me voir. Que peut-elle faire ? crier ? s'emporter ? Je fuis accoûtumé aux fureurs & aux exclamations. Mais, fi fa tête eft remife, j'obferverai la conduite qu'elle va tenir dans cette premiére entre-vûe.

Je l'entens defcendre.

LETTRE CCXLVI.

Monsieur **LOVELACE**, *au même.*

Dimanche au soir.

NE me blâme de ta vie, pour avoir
emploié un peu d'art avec cette
admirable fille. Tous les Princes de l'air
& ceux d'enbas, joints à Lovelace, ne
l'auroient jamais vaincue pendant qu'elle auroit eu l'usage de ses sens.

Je n'anticiperai sur mon récit, que
pour te dire qu'étant trop éveillé par
l'entretien dont je sors avec elle, pour
espérer de dormir quand je me mettrois
au lit, je n'ai rien de mieux à faire que
de te rendre compte de cette bizarre conversation, pendant que j'en suis si for-
tement rempli qu'il m'est impossible de
m'occuper d'une autre idée.

Elle étoit en robbe de chambre de
damas Blanc, un peu moins négligemm-
ment que ces derniers jours. J'étois af-
fis, ma plume entre mes doigts. Je me
suis levé, en l'appercevant, avec autant de respect & de complaisance que si

les

les dez étoient encore pour elle : & réellement il n'y a rien de changé à son désavantage.

Elle est entrée avec un air de dignité
dans toute sa figure, qui lui a donné
tout d'un coup de l'ascendant sur moi,
& qui m'a préparé au *pitoiable* rolle que
j'ai fait dans la suite de cette conférence.
Pitoiable en vérité. Mais je veux lui rendre justice.

Elle s'est avancée assez vîte, & fort
près de moi ; son mouchoir à la main ;
le regard, ni doux, ni fier, mais extrêmement grave ; & le visage dans une
tranquillité, qui paroissoit l'effet d'une
profonde mediation. Elle m'a tenu aussitôt ce discours ; d'un air ! avec une action ! Non, je n'ai jamais rien vû d'égal.

Vous voiez devant vous, Monsieur,
la misérable fille que vous avez recom-
pensée comme elle le meritoit, de la
préférence qu'elle vous a donnée sur tout
votre sexe. La malediction de mon
pere est accomplie à la lettre, pour cette
vie ; & ce n'est pas votre faute si la seconde moitié ne l'est pas encore par la
perte de mon ame, comme la premiére
par celle de mon honneur, que vous
m'avez dérobbé, lâche & infâ ne que
vous êtes, avec tant de bassesse & d'in-

humanité, qu'il semble que le courage
vous auroit manqué à vous-même dans
cette barbare entreprise, si, pour premier
sacrifice, vous ne m'aviez ôté l'usage des
sens.

Ici, j'ai fait un effort pour parler, en
hésitant, & me tournant vers la table,
où j'ai posé ma plume. Mais elle a continué. Ecoute-moi jusqu'à la fin, malheureux scélerat! homme abandonné!
homme, dis-je; car quel autre nom
puis-je te donner, lorsque les mortelles
attaques des bêtes les plus feroces auroient été plus naturelles, & mille fois
moins horribles que les tiennes. Ton
cœur paroît trembler à présent. Ton
cœur! le seul au monde qui soit capable
de tant de lâches inventions & d'un excès si cruel. Tremble. Tu as raison de
trembler & d'hésiter comme tu fais,
lorsque tu te représentes ce que j'ai souffert pour toi, & l'horrible prix que j'en
ai reçu.

Sur mon ame, Belford, toutes mes
facultés m'ont manqué. Non-seulement
ses regards & son action, mais sa voix,
si majestueuse, a porté le trouble jusqu'au
fond de mon ame. D'un autre côté, ma
maudite action, & son innocence, son
mérite, son rang, la supériorité de ses

perfections, se sont présentés à mon esprit avec des couleurs si formidables , que le compte imprévû auquel je me voiois appellé m'a paru ressembler à ce compte général dont on nous ménace , où l'on dit que notre conscience sera la premiére à nous accuser.

Elle avoit eu le tems de rassembler toutes les forces de son éloquence. Sa tête, probablement, avoit été tranquille pendant tout le jour. Et moi, je me trouvois d'autant plus déconcerté , que je m'étois attendu à la voir paroître avec un air de confusion. Mais je conçoi que la force de son ressentiment avoit élevé cette femme incomparable au-dessus de toutes les petites considérations.

Ma chere .... Mon amour, ai je dit enfin ; jamais, non jamais.... Je me sentois les levres tremblantes , & les jambes affoiblies. Ma voix étoit intérieure, foible : mes paroles mal articulées. Jamais un coupable n'en eût plus visiblement l'apparence : tandis qu'étendant sa belle main , elle a repris avec toutes les graces de l'éloquence la plus vive & la plus touchante.

Je ne prétens tirer aucune gloire de la confusion où je te vois. J'ai emploié tout le jour à demander au Ciel , que si je ne pouvois m'échapper de cette vile maison, il me rendit capable de regarder encore une fois l'auteur de ma ruine avec la fermeté de l'innocence outragée. Je ne te reproche plus ton crime & mon malheur, parce qu'ils sont au deſſus de l'expreſſion. Tu me vois aſſez calme, pour ſouhaiter que la force continuelle de tes remords puiſſe te conduire au repentir ; afin que tu ne perdes pas tout droit à cette miſéricorde que tu n'as pas eue pour l'infortunée que tu vois devant tes yeux, & qui avoit ſi bien merité de trouver un ami fidelle où elle n'a trouvé que le plus cruel des ennemis. Mais apprens moi ; car tu n'es pas ſans doute à la fin de tes projets; apprens moi, puiſque je ſuis priſonniére dans un lieu d'horreur & que je n'ai pas un ami qui puiſſe me ſauver, ce que tu prétens faire du reſte d'une vie qui ne merite plus d'être conſervée. Dis-moi, ſi tu me deſtines à beaucoup d'autres maux, & ſi de concert avec le maître de l'enfer ſous la forme de la maîtreſſe de cette maiſon, tu en veux à mon ſalut éternel, pour achever ton infame traité en achevant d'accomplir l'imprécation de mon pere. Répons. Dis-moi, ſi tu as le courage de parler à celle dont tu cauſes la ruine, ce qui me reste à souffrir de ta barbarie.

Elle s'est arrêtée ; & poussant un soupir, elle a tourné la tête, pour essuier des larmes qu'elle s'efforçoit envain de retenir, & qu'elle ne pouvoit plus cacher à ma vûe.

J'étois préparé, t'ai-je deja dit, à l'emportement des plus violentes passions; aux cris, aux ménaces, aux injures, aux exécrations. Ces transports passagers, effet d'une douleur soudaine, & la honte, & la vengeance, nous auroient mis de pair ; & nous n'aurions rien dû l'un à l'autre. Encore une fois, je suis fait à ces orageuses douleurs ; & comme rien de violent n'est durable, c'est ce que j'aurois souhaité dans les empressemens de mon cœur. Mais une fureur si majestueuse & si composée ! Me chercher, lorsqu'il paroissoit clairement, par l'effort qu'elle avoit fait pour s'échapper, qu'elle regardoit comme un nouveau malheur de me voir ! Nulle idée de vangeance sur elle même, à l'exemple de Lucrece ! Plongée néanmoins dans un si profond désespoir, que suivant ses propres termes, le pouvoir lui manquoit pour l'exprimer ! & se trouver capable, après l'état d'où elle n'étoit fortie que le même jour, de me pouſſer auſſi vivement que ſi quelque lumiére d'enhaut lui avoit revelé toutes mes vûes ! Comment ne ſerois - je pas demeuré tout-à-fait interdit, & ne répondant, comme la premiére fois, que par des monoſyllabes ou des phraſes interrompues ? Cependant j'ai parlé de dédommagemens & de reparations. O Belford ! Belford ? Quel eſt le vainqueur à préſent ? Qui triomphe, d'elle ou de moi ?

Des réparations ! m'a-t'elle répondu. Miſérable ! qui ne dois plus prétendre qu'à mon éternel mépris. Et levant les yeux au Ciel ; ô Dieu, juſte & bon ! auras-tu pitié d'une malheureuſe, dont la chûte eſt l'ouvrage d'une ame ſi baſſe ! Cependant, (en jettant ſur moi un regard d'indignation), tout lâche, tout mépriſable que tu es, je ne te hais pas autant que je me hais moi-même, pour n'avoir pas plutôt appris à te connoître, & pour avoir attendu de l'honnêteté, de la reconnoiſſance ou de l'humanité, d'un libertin, qui pour faire gloire de cette indigne qualité, doit avoir foulé aux pieds tous les principes & tous les droits.

Elle a prononcé alors, avec un ſoupir,

le nom de son cousin Morden ; comme s'il lui étoit venu de sa part, quelque avis ou quelque exhortation qu'elle eût négligée : & s'avançant vers la fenêtre, elle s'est servi un moment de son mouchoir pour s'essuier les yeux. Ensuite se tournant vers moi tout d'un coup, avec un mélange de dédain & de majesté, (que n'aurois-je pas donné dans ce moment pour ne l'avoir jamais offensée !) tu me proposes des reparations, m'a-t'elle dit ! & de quelles reparations es-tu capable, pour toute personne sensée que tu auras l'insolence d'outrager ?

Aussitot, Madame...., aussitot que votre oncle..... ou sans attendre sa réponse.....

J'entens, je sais. Mais penses-tu que le mariage puisse reparer un crime tel que le tien ? Sans amis, sans fortune, telle que tu m'as rendue, je méprise trop le lâche qui a pû se dérober à lui-même la vertu de sa femme, pour te recevoir sous la qualité dont il semble que tu oses te flatter. Ce que je veux savoir, c'est si dans un Païs de liberté tel que celui-ci, où le Souverain ne sauroit être complice de votre lâcheté, & où vous n'auriez pas eu l'audace de la commettre, si j'avois eu la protection du moindre de mes parens ou de mes anciens amis, je dois être retenue dans une prison pour y souffrir de nouvelles injures? En un mot, si vous prétendez m'arrêter ici, & m'empêcher de suivre le cours de ma destinée?

Après s'être arrêtée, & me voiant encore muet; ne pouvez-vous répondre à une question si simple? Je renonce à toute prétention sur vous; je vous rens toutes vos promesses. Quel droit avez-vous de me retenir ici?

Il m'étoit impossible de parler. Que répondre à de telles questions?

O misérable! a t'elle repris: si je n'avois pas été privé de mes sens par la plus honteuse lâcheté, je n'aurois pas laissé passer une semaine, comme je m'aperçois qu'il s'en est passé une entière, sans vous déclarer, comme je le fais à ce moment; que l'infame qui m'a trahie avec cette bassesse ne sera jamais mon mari. J'écrirai à mon oncle, qu'il peut renoncer à ses obligeantes intentions en ma faveur, que toutes mes espérances sont annéanties, que je me regarde moi-même comme perdue pour ce monde. Mais ne m'empêchez pas de satisfaire le

Ciel, pour avoir continué ma corref-
pondance avec vous malgré les avis &
la défenſe de ceux à qui je devois de la
ſoumiſſion, & pour m'être expoſée té-
mérairement à vos laches artifices. Laiſſez-moi le ſeul eſpoir qui me reſte ; c'eſt
toute la réparation que je vous demande.
Ainſi repondez ; ſuis-je libre de diſpoſer
de moi-même ?

Il a fallu répondre ; mais avec combien
d'embarras & d'heſitation ! Mon très-
cher amour ! Je ſuis confondu, abſolument confondu de la ſeule penſée..... de
l'excès..... où je me ſuis emporté. Je vois
j'éprouve, qu'il eſt impoſſible de réſiſter
à la force de vos diſcours. Dans toute
ma vie, dans toutes mes lectures, je n'ai
jamais vû de preuves ſi parfaites d'atta-
chement à la vertu pour l'amour d'elle-
même. Si vous pouvez faire grace au repentir d'un miſérable, qui implore votre
bonté à genoux, (je me ſuis jetté ici à
ſes pieds, avec toute la verité du ſentiment que j'exprimois,) je jure par tout
ce qu'il y a de ſaint & de juſte, & puiſſe
le tonnerre m'écraſer devant vous, ſi je
ne ſuis pas ſincére ! que demain avant
midi, ſans attendre votre oncle ni perſonne, je vous rendrai toute la juſtice
qui eſt en mon pouvoir. Vous me regle-

rez enſuite, vous me dirigerez par vos principes, juſqu'à ce que vous m'aiez rendu plus digne de vous que je ne le ſuis à préſent ; & je n'aurai pas la préſomption de toucher même à votre robbe, avant le bonheur où j'aſpire, de pouvoir vous nommer veritablement ma femme.

Lache trompeur ! s'eſt-elle écriée. Il exiſte, ce juſte Dieu que tu invoques ; & le tonnerre n'eſt pas deſcendu ! & tu vis pour augmenter le nombre de tes parjures !

Ma très-chere vie . . . . . (en me levant; car le tour de ſon exclamation m'avoit fait croire qu'elle commençoit à ſe rallentir : mais elle m'a interrompu).

Si tes offenſes, a-t'elle repris, ne paſſoient pas les bornes du pardon ; ſi c'étoit la premiere fois que tu euſſes bravé le Ciel en invoquant ſa vangeance contre toi-même, ma ſituation déſeſperée pourroit m'engager à me ſoumettre au plus malheureux ſort, avec un homme auſſi mépriſable que toi. Mais après ce que j'ai ſouffert par ta lache cruauté, je ne puis me lier avec toi ſans crime. Encore une fois, je te demande ſi je ſuis libre.

J'ai voulu parler de Milady Lawrance, du Capitaine Tomlinſon & de ſon oncle.

Elle a refusé de m'entendre. L'imposture, m'a-t'elle dit, éclatoit dans mes yeux & dans ma bouche. Elle étoit convaincue que j'avois prostitué l'honneur de ma famille, en faisant prendre le nom de ma tante & de ma cousine à deux femmes qu'elle n'osoit nommer. Le Capitaine Tomlinson & M. Mennel étoient vraisemblablement deux autres de mes complices. Mais qu'ils fussent des scélerats ou non, j'en étois un. Elle insistoit sur la liberté de pouvoir disposer, du reste de sa courte & malheureuse vie. Enfin elle ne me voioit qu'avec horreur, sous toutes sortes de titres, & particuliérement sous celui que j'osois lui proposer.

Elle m'a quitté avec ce cruel adieu. Je t'avoue, Belford, que je suis demeuré confondu.

Il faut que je te communique serieusement une partie de mes reflexions. Je n'ai pas encore touché au grand article du commerce libre ; & la maniére dont elle s'est expliquée sur son oncle, marque assez qu'elle ne prend point encore la médiation pour une chimère. Cependant elle soupçonne mes nouveaux projets, & je lui vois des doutes sur Mennell & Tomlinson. Je dis que si c'est

M vj

d'elle même qu'elle tire ſes lumières, ſa pénétration eſt merveilleuſe ; mais que ſi c'eſt de quelque autre qu'elle, ſon incrédulité, & ſon averſion pour moi, n'ont rien de ſurprenant.

Expliquons nous ſans détour. Il eſt impoſſible, Belford, que tu joues le double avec moi. Non, ton imbecille pitié pour une femme ne t'aura pas fait trahir un ami, qui s'eſt ouvert à toi avec ſi peu de reſerve. Je ne puis te croire capable de cette baſſeſſe. Cependant raſſure moi ſur ce point. Je dois faire une maudite figure à ſes yeux lorſque je prodigue les vœux & les ſermens, comme je ne ferai pas ſcrupule de recomm ncer dans l'occaſion, s'il eſt vrai qu'elle ſoit bien informée de ma perfidie. Je ſais que lorſqu'il s'agit de fermeté, tu ne me redoutes pas plus que je ne te crains ; & que ſi tu étois coupable, tu dédaignerois un déſaveu, lorſque je te preſſe de t'expliquer.

Je ſuis tenté de m'arrêter ici. Oui : je ne t'écrirai plus, juſqu'à ce que j'aie reçu ta reponſe.

Lundi, à 3 heures du matin.

LETTRE CCXLVII.

M. LOVELACE, au même.

Lund , 19 de Juin , à 5 heures du matin.

IL faut que j'écrive. Je n'ai pas d'autre ressource contre le trouble de mon cœur ; & je ne puis me persuader que tu m'aies trahi.

Que n'ai - je pas fait pour inviter le sommeil ? Il s'obstine à ne pas s'arrêter dans mes yeux ? C'est à présent que je souhaiterois du fond de l'ame de n'avoir jamais connu cette charmante personne. Mais qui se seroit imaginé qu'il y eût au monde une femme de ce caractère ? Pour tout ce que j'ai connu , entendu , lu de son se e, la regle est vraie : une fois subjuguée, c'est pour toujours. Les premiers efforts sont toujours les derniers ; ou du moins la resistance qui les suit devient si foible par degrés , qu'un homme regreteroit d'en trouver moins. Cependant que fais-je encore ?

Il eſt à préſent ſix heures. Le Soleil éclaire depuis longtems tout ce qui eſt autour de moi ; car cet aſtre impartial luit ſur la maiſon d'une Sinclair, comme ſur toutes les autres. Mais ſa lumière ne pénétre pas au fond de mon cœur.

A la pointe du jour, je me ſuis approché de la porte de ma Charmante. J'ai jetté la vûe par le paſſage de ſa clé. Elle a déclaré à Dorcas, qu'elle ne quitteroit plus ſes habits dans cette maiſon. Je l'ai vûe dans un doux ſommeil, qui ſervira ſans doute à rafraîchir ſes ſens troublés ; aſſiſe dans un fauteuil, ſon tablier ſur le viſage, une main qui ſoutenoit ſa tête, l'autre étendue ſans mouvement ſur ſon genoux ; la moitié ſeulement d'un de ſes pieds viſible. Qu'elle difference entre-elle & moi ! ai-je penſé. Elle dort tranquillement, elle qui a reçu l'injure ! tandis que l'offenſeur ne peut fermer les yeux, & s'eſt efforcé inutilement, toute la nuit, de diſſiper ſon chagrin & de ſe fuir lui-même !

J'eſpére néanmoins que je prendrai le deſſus. Si je n'y parvenois pas, cette chere créature feroit bien vangée, je ferois le plus malheureux de tous les hommes.

Dorcas vient m'avertir que fa Maîtreffe fe difpofe ouvertement à partir. Je n'en doute pas. L'humeur où je te la repréfentois hier au foir, en me quittant, m'a préparé à cette entreprife. Qu'en dis-tu, Belford ? Etre haï, méprifé ! Mais fi j'ai paffe les bornes du pardon, à quoi tient-il..... Je m'abîme dans mes triftes reflexions.

Elle me fait dire, par Dorcas, qu'elle demande un moment d'entretien dans la falle à manger, & , ce qui eft affez bifarre, qu'elle fouhaite que cette fille foit préfente à notre converfation. Ce meffage me donne quelque efpérance.

A neuf heures.

Damnable artifice ! Rufe ! Trahifon ! il ne s'en eft rien fallu qu'elle ne m'ait gliffé au travers des doigts. Elle n'avoit pas d'autre vûe, dans fon meffage, que d'éloigner Dorcas & de nettoier la côte. Une douleur imaginaire fuffit elle donc pour la difpenfer de fes principes ? Ne m'apprend-elle pas enfin qu'elle eft auffi capable de tromper que moi ?

Si nous occupions le premier corps de logis, & qu'il n'y eût point un paffage pour arriver à la porte, elle m'échappoit. Mais fa précipitation l'a trahie. Sally Martin, qui étoit dans un Parloir du devant, frappée d'entendre une marche legere, & le frottement de quelque étoffe de foie contre le mur, a jetté les yeux dehors, & s'eft avancée auffitot entre elle & la porte : « Vous ne fortirez pas, » Madame, permettez que je m'y op- » pofe. Vous ne devez pas penfer à » fortir.

De quel droit ? Comment ofez-vous ... Car la chere perfonne prend quelquefois des airs impérieux. Sally s'eft hâtée d'appèller sa tante. Aussi-tôt une demie-douzaine de voix se sont jointes à la sienne, pour me presser de descendre.

Je m'occupois gravement à donner mes instructions à Dorcas, dans l'embarras où j'étois sur la matière d'une conversation dont elle devoit être témoin. Les cris redoublés m'ont fait voler, plutôt que descendre. J'ai vû la charmante Clarisse, l'aimable *trompeuse*, appuiée contre la cloison, son paquet à la main, (les femmes, Belford, ne sont jamais sans paquet dans leurs exécutions) & plus bas, à quelque distance, Polly Horton, Mabel & Peter, deux domestiques du logis. La Sinclair & Sally étoient entr'elle & la porte. Dans sa douce fureur, la chere ame repetoit : je veux sortir ; personne n'a droit ici de m'arrêter : le supplice, la mort ne me feroient pas remonter.

Aussitot qu'elle m'a vû paroître, elle a fait un pas ou deux vers moi : Monsieur Lovelace, m'a-t'elle dit, je suis resolue de sortir. Est-ce de vous que ces femmes s'autorisent ? Quel est leur droit, quel est le votre, pour m'arrêter ?

Je lui ai demandé tendrement, si c'étoient là les préparatifs de l'entre-vûe qu'elle m'avoit fait espérer, & s'il lui

avoit paru vrai-semblable que je puisse
consentir si facilement à la perdre ?

Dois-je être environnée , assiégée
comme je le suis. Eh ! quelle autorité
ces femmes osent elles s'attribuer sur
moi ?

Je les ai priées toutes de se retirer , à
la reserve de Dorcas , qui m'avoit suivi.
Alors j'ai cru devoir prendre un air ferme , après avoir éprouvé si longtems
qu'on triomphoit de ma douceur. Aiez
la bonté , ma chere , lui ai-je dit d'un
ton chagrin , & l'aidant par le bras à
marcher , d'entrer avec moi dans le parloir. Si vous avez tant de repugnance à
remonter , nous pouvons tenir ici notre
conférence , & je ne refuse pas que
Dorcas en soit temoin. Je l'ai placée
sur une chaise ; & me tenant debout,
les mains sur mes côtés ? Voions, Madame quels sont à présent vos ordres ?

Insolent ! s'est écriée la furieuse ; & se
levant , elle a couru vers la fenêtre, elle
a levé le chassis , sans savoir apparemment qu'il étoit défendu par des barreaux
de fer ; & lorsqu'elle a reconnu l'impos-
sibilité de se jetter dans la rue , elle a levé
au Ciel ses mains jointes , après avoir
abandonné son pacquet ; & d'une voix
lamentable , elle s'est adressée à deux

paſſans qui traverſoient la rue : au nom de Dieu , charitables perſonnes , ſecourez une malheureuſe à qui l'on ôte l'honneur & la vie !

Je l'ai enlevée dans mes bras , malgré ſa reſiſtance , pendant que le peuple commençoit à s'aſſembler autour de la fenêtre. Elle s'eſt miſe alors à crier ; au meurtre , au ſecours. Mais redoublant mon effort , je l'ai emportée dans la ſalle à manger , en depit de ſon petit cœur ulcéré , & de la force avec laquelle ſes mains s'attachoient à tout ce qu'elles pouvoient rencontrer. Là, j'ai voulu la placer ſur une chaiſe : mais elle eſt tombée à terre , preſque ſans mouvement , & pâle comme la mort. Un torrent de larmes l'a ſoulagée fort à propos.

Dorcas en a paru attendrie , juſqu'à pleurer à ſon exemple. J'ai admiré le pouvoir de la compaſſion. Pluſieurs évanouiſſemens aiant ſuccedé , je l'ai laiſſée avec Mabel , Dorcas & Polly ; avec la derniere , parce que de toutes les femmes de la maiſon , c'eſt celle qui lui déplaît le moins.

Une entrepriſe ſi reſolue ne m'a pas cauſé peu d'inquiétude. Madame Sinclair & ſes Nimphes en ſont encore plus allarmées , pour ce qu'elles appellent l'hon-

neur de la maison, qui a reçu quelque
insulte, avec des menaces de casser les vi-
tres, si la jeune personne qui a crié ne paroissoit point. Dans la chaleur du mouvement populaire, les femmes sont venues à moi, pour me demander ce
qu'elles devoient répondre au Connetable (*), que le peuple avoit deja fait
appeller. Ne manquez pas, leur ai-je
dit, de le faire entrer dans la maison,
avec deux ou trois des mutins les plus ardens. Produisez une de vos filles, après
lui avoir frotté les yeux d'un oignon ; sa
coëffure & son mouchoir de cou un peu
en désordre. Qu'elle se reconnoisse pour
la personne offensée, à l'occasion d'une
quérelle de femme ; mais contente de
la justice qu'on lui a rendue. Vous don-
nerez quelques sols au Connetable, &
comptez qu'il se retirera tranquillement.

A onze heures.

On à suivi mes instructions, & tout
est rentré dans l'ordre. Madame Sinclair
regrette amérement d'avoir jamais connu
une Dame aussi délicate que la mienne.
Elle m'a proposé, elle & Sally, de leur

(*) Officier subalterne de Police, au-dessous des
Commissaires de quartier.

abandonner pendant quelque jours cette farouche beauté. Je leur ai brusquement imposé silence ; & je les ai chargées seulement de redoubler les précautions. L'attendrissement dé Dorcas lui a fait essuïer beaucoup de railleries. Elle confesse que ses larmes étoient réelles. Elle en a honte, dit elle ; mais elle n'a pû les retenir, tant il y a de force dans le sentiment naturel de la douleur.

Pendant que les autres femmes rioient de sa simplicité, je lui ai dit qu'elle n'avoit pas d'apologie à faire pour ses larmes, & que j'étois bien aise d'apprendre qu'elle eût cette facilité à pleurer. On peut faire un bon usage de ce talent, que personne ne lui connoissoit. En un mot, je voudrois qu'elle l'exerçât souvent, & qu'elle s'efforçât de gagner, s'il est possible, la confiance de ma Charmante par a sensibilité qu'elle témoigneroit pour ses peines. Elle m'a repondu que la Maîtresse avoit remarqué ses larmes, & qu'elle lui avoit deja fait compliment de cette preuve d'humanité. Fort-bien lui ai-je dit. Votre rolle sera donc à l'avenir d'avoir le cœur tendre. Mais prenez garde de vous trahir par des affections. Ainsi, Dorcas va devenir une fille de fort bon naturel ; & ma Charmante, qui est

difposée à bien juger de fon fexe, y fera
trompée facilement.

L E T T R E CCXLVIII.

Monfieur LOVELACE, au même.

JE reçois avis de *Parfon*, un des Va-
lets de chambre de Milord M....,
que mon vieil oncle eft fort mal. Ce
garçon, qui m'eft abfolument devoué,
en qualité d'héritier préfomptif, me fait
entendre dans fa lettre, que ma préfence au Château de M.... ne feroit
pas inutile. Tu vois par conféquent que
je n'ai pas ici de tems à perdre. Si l'honnête Pair avoit la bonté de fe rendre,
après tant d'invitations qu'il a reçues de
fa goûte, la perfpective n'auroit rien de
défagréable pour ma chere Clariffe. Une
fucceffion de huit mille livres fterlings de
rente, & probablement la reverfion du
titre, me rendroient peut-être un bon
office auprès d'elle. Mais à quelle noble
variété de méchantes actions ne ferois-je
pas en état d'afpirer, avec cette augmen-
tation de revenu ? Tu me diras, peut-
être, que j'execute deja tout ce qui me
tombe dans l'efprit : mais c'eft une de
tes erreurs. Sois perfuadé que je n'en fais

pas la moitié : & ne fais-tu pas que les meilleures ames font charmées du pouvoir de faire le mal , foit qu'elles en faffent ufage ou non ? La Reine Anne, qui étoit d'ailleurs une fort bonne femme , a toujours été jaloufe de cette prérogative. C'étoit un de fes foibles , dont fes Miniftres ont abufé plus d'une fois en fon nom

On m'affure enfin , que ma Charmante confent à me voir ; après trois refus à la verité , & fur la maniere un peu ferme dont je lui ai fait dire , par Dorcas , que fi je ne puis l'entretenir dans la falle à manger , je fuis refolu de monter à fa chambre. Cependant , elle a déclaré qu'elle ne me verroit de fa vie , fi le Ciel lui rendoit la liberté. En même tems , elle s'eft informée , fans affectation , du caractère & de la profeffion des voifins. Je fuppofe qu'aiant retrouvé la voix , elle veut implorer leur fecours, s'ils peuvent entendre fes cris. Elle ne doute pas , dit-elle , qu'aiant formé dès le premier moment l'horrible deffein de fa ruine , je n'aie choifi , dans cette vûe, une maifon fi favorable pour le crime.

Dorcas emploie toute son adresse pour lui calmer l'esprit. Elle la conjure de me voir avec modération. Elle lui représente que je passe pour le plus déterminé de tous les hommes ; que la douceur a quelque pouvoir sur les caractères violens, mais qu'il n'en faut rien attendre par d'autres voies. Que seroit-ce, si j'avois rompu notre mariage, ou si je pensois à le rompre ? Ici la chere personne a déclaré assez nettement, qu'elle n'est pas mariée. Mais Dorcas a feint de ne pas l'entendre. Je conclus qu'elle est déterminée à ne plus garder de mesures.

❋　　　　　❋

Après deux heures d'un mortel combat, dont je n'ai pas remporté d'autre fruit qu'un renoncement solemnel à toutes mes offres, accompagné de mille témoignages de mépris & de haîne, je me renferme dans ma chambre, pour maudire, comme Madame Sinclair, l'heure & le moment où j'ai connu cette impitoiable beauté.

Fin de la II. Partie du .....